客老師——著

孩子就該從小玩才藝

品客老師以孩子為出發點，從玩樂中學習藝術，讓藝術變成樂趣，
培養生活力、啟迪**學習力**、引爆**實作力**、激發**創造力**

推薦序

媽媽，我什麼時候可以去上課？

恭喜摯友品客老師 Pink 出書！

首先，一定要提到我們的淵源。會跟 Pink 相識，正是因為這間「多元才藝空間」！

因為共同友人的介紹，帶著女兒到 Pink 的教室上課，當時女兒才兩歲多，老實說，一開始我對課程並沒有特別的感覺，畢竟從孩子嬰兒時期開始，就接觸了不少親子、幼兒課程。再者，當時住在新莊的我，每次到教室上課就要搭 40 分鐘的車，一度想上完一期課程後就結束……

殊不知女兒上了幾堂課後，就深深愛上「幼兒多元才藝探索課程」，每天都問我，再過幾天才可以去上課？她從來沒有對一堂課程那麼感興趣過！看著女兒期待的眼神，媽媽自然再遠的車程都願意。就這樣一直到現在，女兒快五歲了，依然固定每週會去上課。

　　到底，這堂課有什麼魔力呢？

　　這是一個「以孩子為出發點」的課程，每週不同的課程內容，讓孩子多方位學習接觸不同的藝術領域，不只能從中找尋自己的興趣，更可以滿足孩子的新鮮感與好奇心，在玩樂中快樂的學習成長。

　　一想到再也不用趕著孩子去上才藝課，而是孩子主動會說：「媽媽，我什麼時候可以去上課？」這樣的方式讓孩子愛上藝術，真的是一件很棒的事！

阿沁 & 花花

推薦序

充滿正能量的活體教科書

　　認識我學姊 Pink 是在大學啦啦校隊的時候，當時我只是大一新生，而她已經大四，那時候看到她的第一印象，覺得她是個超級熱心的人，而且極具領導能力，就算我們跳得亂七八糟或是練習偷懶，她總是能用充滿正能量的語氣給我們鼓勵。不管面對孩子或一切事物也都超有耐心，我想這就是她成為成功教育者很重要的關鍵。

　　對於 Pink，我一直很納悶，她是個能好好當個貴婦的女人，但她卻總喜歡騎著摩托車到處跑，教室裝潢也要親自下去監工，把自己累個半死。後來她有了孩子，也就是我的乾女兒，看著她常常為孩子忙進忙出，心裡著實佩服。

　　我們能成為好朋友的原因之一，也許是因為我們都對任何事物充滿了好奇心。要當一個好的帶領者，「好奇心」是非常重要的，因為你要陪孩子成長，陪他們摸索這個世界，他們不

懂的你也陪她裝不懂，然後好像再一次認識新的東西一樣。

　　Pink 的才藝教室跟一般的才藝教室大不相同，在她的教室裡不會有否定，只會有探索，探索的同時更可以潛能開發，認識不一樣的自己，連我都想去報名上課了，哈哈哈！

　　記得有一次聊天時，她說她從來就沒想過要靠教課賺錢，但她很希望可以回饋社會，所以她很努力的不斷進修學習，這番話真是令我印象深刻。未來我也會想要有孩子，很幸運身旁能有一本活體教科書，哈哈！沒錯！因為只要按照 Pink 給的建議陪伴孩子，我想我一定會很放心的！

　　恭喜 Pink 出書了，她能夠把這十幾年的經驗分享給大家，讓大家有全新的認知，我想這是她一輩子都會做的事！

孟耿如

推薦序

令孩子興奮又未知的期待

　　原本一直在猶豫，何時該讓四歲女兒上學而困擾的我，因為朋友的介紹，在一次為小朋友安排的萬聖節活動中認識了品客老師，也認識到「WTFun 什麼玩藝」。

　　說實在的，身為家長的我們，第一次見面聊的不外乎就是希望自己的寶貝在學習路程上，可以有許多正面的體驗。透過各式感官的刺激，激發孩子的創意、想像力甚至提升領悟力，我相信這是所有爸媽最想看到的。

　　自從女兒開始參加 WTFun 的多元課程後，對她來說，每天的上課似乎都是令她興奮又未知的期待。我也發現多元化才藝的課程，讓她在視覺、聽覺、嗅覺、觸覺甚至味覺上都有明顯的提升。因為種種的感官刺激，讓她更意識到自己的創造力，使她用正面的方式去看待學習這件事。

　　我認真的覺得，學齡前幼兒時期是塑造興趣的最佳時機，

無論是音樂、跳舞、運動、烹調、繪畫、勞作還是閱讀，每一樣都是她開心自主的體驗。

每位家長都希望孩子可以在最自然的環境中成長，我非常慶幸除了帶她出國旅遊體驗不同的人文氣息以外，在學習的選擇上，也可以讓她來告訴我，自己喜歡與擅長的是什麼。

現在的我，每天最期待的就是女兒上完多元才藝課的時候。每當她從背後拿出她在課堂上做好的蛋糕、餅乾、油畫或勞作給我時，我臉上的笑容與心中的溫暖，都是滿出來的。

感謝品客老師讓我知道，女兒這麼小就有這麼棒的作品，這將是我們會永遠保存下來的美好回憶。

Ruby 盧春如

自序

從玩樂中學習藝術，讓藝術變成樂趣

　　大家好！我是品客老師，很開心讓大家從書籍認識我。這本書醞釀了三年，它就像我的孩子一樣，從懷孕到出生，到慢慢拉拔長大，一切非常不容易。不敢說這是一本教育書，但它集結了我教學十多年來的經驗及理念，希望與同樣為人父母、為人師表的大家，一同在教育及藝術的領域內，一同培養興趣，一起培育孩子成長！

　　首先我要感謝我的父母、我的家人，一路給我支持，父母從我小的時候便不辭辛勞的栽培我，接送我上下課，給我良好的教育環境。

　　現在身為家長，覺得這一切都非常的不容易，尤其在現今社會裡，在物價不停上漲、競爭激烈的環境下，我接觸到的幾乎都是雙薪家庭，養小孩、教育小孩更是難上加難的事情，因此希望能藉由這本書，跟父母一同分享孩子的教育及成長。

　　從事教育十多年了，從沒想過自己會有機會出書，每天日復一日在做一樣的事情，除了教學還是教學。在這裡我要感謝影響我一生的恩人，已故教授楊綺儷老師。

　　雖然從小就開始學舞，但我一直沒有就讀舞蹈科班，刻板印象讀了舞蹈班就會荒廢課業，父母希望我能專注在學科上，寧願花大錢在課後讓我去才藝班上課。

　　就讀大學時，雖然是以體育績優生考進大學，但從不覺得自己會成為師表。比起許多科班出來的，我們已經輸在起跑點上，既沒有教學經驗，也不是拿藝術或教育的文憑。

　　記得有一次，楊教授受邀參與長庚醫院的產後瑜伽計畫，當下找我當他的助教。就在那一次，開啟了我的教育人生，最後也在教授的鼓勵下繼續進修，進入大學當老師。

　　我時常在想，我是多麼的幸運，遇到一位如此提拔我的老

師，他就像我第二個媽媽，對老師的感激無法用言語形容。老師過世後我就時常在想，我能像楊老師一樣給予學生什麼樣的幫助？於是我創立了自己的教育品牌，栽培對教育有熱忱的新鮮人，提供優質的教學與環境給對藝術有興趣的人，研發多元才藝啟發課程，培育幼兒一起探索藝術的樂趣！

　　一開始創辦這個多元才藝品牌，真是碰了滿鼻子灰，中途甚至有幾度很想要放棄。還好最終我的教學理念被學員們及家長們認同，深受小朋友們喜愛，很感謝一直堅持沒有放棄的自己！講到這裡，感覺好像又可以寫第二本書分享這些心路歷程，內心真的五味雜陳。

　　這一路走來，真的要感謝一直支持我們的學生及家長，在我們還尚未萌芽時就陪伴著我們，給我們鼓勵，給我們機會發生錯誤，才能長得更高、長得更壯。

　　同時也要謝謝我的師資團于庭老師、若瑄老師、Haru 老師及每一位幫助過我的老師，「愛」是我們最大的籌碼，我們用愛化為力量，堅持做對的事情。

　　不管幾歲，不論貧富，「從玩樂中學習藝術，讓藝術變成樂趣」，分享給大家！

品客老師・鄭婷文

目次

第一章　培養 KIDS 生活力

——愛孩子，就要趁早給孩子培養生活的能力，及早鍛鍊協調度！

在家自學，跟著品客老師這樣做！

第二章　啟迪 KIDS 學習力

——結合「故事力」和「肢體活動力」，包括表達、組織、觀察、聯想都涵蓋在內

在家自學，跟著品客老師這樣做！

第三章　引爆 KIDS 實作力

——教室中常會看到比孩子更要求完美而動手幫孩子做的父母，如此一來孩子的學習就被阻斷了，要如何做才能協助又不干涉孩子呢？

在家自學，跟著品客老師這樣做！

第四章　激發 KIDS 創造力

——孩子都很有創造力，但創造力需要透過學習、耐心慢慢累積，本章
　　將告訴父母們，如何激發寶貝們的創造力：一輩子帶著走的能力！

在家自學，跟著品客老師這樣做！

第一章　培養 KIDS 生活力

——愛孩子，就要趁早給孩子培養生活的能力，及早鍛鍊協調度！

第 1 堂課　盡早鍛鍊生活自理，孩子才能累積經驗

第 2 堂課　提供幼兒發展自由的環境，讓他盡情探索

第 3 堂課　面對真實生活的第一步，從做家務開始

第 4 堂課　良好生活習慣的養成，教他收好自己的玩具

 在家自學，跟著品客老師這樣做

第 1 堂課

盡早鍛鍊生活自理，孩子才能累積經驗

即將滿五歲的樂樂，第一次來到教室時，只裝了手帕、衛生紙跟水壺的玩偶背包，讓媽媽掛在手臂上。此外，媽媽手裡還拿著一件小外套跟一頂帽子，彷彿人型衣帽架似的；但樂樂卻雙手空空、一身輕鬆，對比十分強烈！

等到進入教室前，每個孩子都要將原本的鞋子換成室內鞋，此時只見樂樂站得直挺挺的，反而是媽媽蹲跪了下來幫他脫鞋，再把室內鞋整整齊齊套在孩子雙腳上。進行手作課程時，在老師的指引和說明後，雖然樂樂自己完成了作品，但過程中卻見媽咪又忙著一一遞上需要用到的工具和材料。

稍微看一下成品，可以發現樂樂比起其他同齡甚至年紀較小的孩子來說，很多步驟都做得不夠確實。而授課老師也發現，樂樂的手眼協調性似乎不太順暢……

　　在教學過程裡，像這樣的親子案例其實並不少：媽媽就像神力女超人般萬能，明明孩子自己可以勝任的大小事，還是要仔細張羅。反觀小孩，則因此變得事事被動或散漫，對於日常基本的生活認知，完全沒有概念。或是把他在家裡的生活習慣與模式帶到課堂上，例如上完繪畫課後，一聽到老師說可以洗手準備下課，便把畫衣從身上一脫就丟在一旁，完全忘了上課前老師交代要把畫衣吊掛好的事。

　　所以，我們的教學內容更加落實「**讓寶貝培養生活自理習慣**」做法，希望幼兒們來到這裡，不僅能獲得智能、美育、肢體等發展，也要有適應環境和未來足以獨當一面的基本能力。

　　怎麼做呢？以蔬菜課程來說，我們不僅讓小朋友對各種蔬菜、水果有所認識，也讓他們了解，不是任何東西只要想得到就會自動跑出來，而是必須透過買賣行為產生。

　　所以老師先將教室布置成超級市場的場景，包含採購清單及所有販賣的物品，都以顏色和數字清楚「標價」，例如「2

枚紅色錢幣＋1枚藍色錢幣」可以買到蘋果、「1枚黃色錢幣＋1枚綠色錢幣」可以購買香蕉⋯⋯等等。

　　課程藉由一本敘述超級市場的繪本開始導引情境，接著讓小朋友使用推車和老師事先做的各色紙卡錢幣，照著自己手上的清單個別完成採購。雖然看似日常的一個活動，但對於認知和生活經驗很有限的小小孩，能夠一次認識到蔬果、顏色，並且使用「金錢」及練習數數，也能體驗到社會上的買賣行為，進而學習與人溝通的基本禮儀。

　　在常規的建構上，不論是哪一門課程，每堂課都讓孩子一起跟著老師收拾物品，下課時須親自將使用到的器具歸還給老師，以及將脫下的室內鞋擺放到鞋櫃上⋯⋯等等。另外，我們也將生活自理導入課程中，比方說創作前先認識各種器材的形體、功用與使用方法，或是讓小朋友自己洗手著裝、清洗課程要用到的蔬果；如果是自然課程，從栽種、澆水照顧到觀察，也會統統由他們自己來。

　　「這些小孩都那麼小，有的才一、兩歲，讓他們做只是讓家長花更多時間善後，大人幫他做會更快更確實吧？」

　　曾有人這樣問我，的確，因為幼兒的發展還不夠健全，往往很多事情做得不是太好，而大人因為擔心還要善後的麻煩，所以經常一手包辦。但是在我看來，這卻是剝奪了他成長、學習和自我管理的機會。

　　像是穿脫衣服、鞋襪，或是收好玩具等分內且能力可及的事，其實包含了感官、肌肉和觀察力等多種基本訓練，需要多次的反覆練習才能熟稔，越做越好，孩子在動手做的過程裡，也可以活化大腦、得到成就感。

　　尤其是一、兩歲的孩子，正是特別熱衷於「自己動手」的階段，開始學會表達的兩、三歲的小孩最愛說：「我自己來！」雖然自己來的結果往往都非常可怕，但爸爸、媽媽們一定要忍住內心的不耐煩，再想翻白眼都別錯失能讓子女更獨立、訓練自律的最佳時機啊！

第 2 堂課

提供幼兒發展自由的環境，讓他盡情探索

一位媽媽聽了朋友的介紹，獨自一人來到教室，希望了解我們的課程規劃與上課辦法。

「其實我早就想讓小孩參加各種不同的課程了，但是我們家那隻每到一個新環境，都要花上好久時間才能適應，搞得我也很累，畏懼嘗試新的課程。直到現在都快五歲了，還是只有請家教老師來家裡上課，可是接下來他快要去上幼兒園了，我覺得這樣下去好像不太行，想讓他從小型的團體課先開始……」

還沒等我回答，另一位小孩已參與一年半課程的媽媽便說：「沒錯！小朋友還是要有同儕生活啦！這裡的課程很多元又很方便，像我之前帶著女兒跑遍大大小小的才藝班，先不說費用，光是接送跟小孩熟悉環境的時間就耗掉不少，累的都是媽媽，快來跟我們當同學吧！」

呵！不得不說，這位媽媽真是我們的最佳代言人呢！

　　雖然「What the Fun」的課程主軸在於多元才藝的探索，但是因為參與的孩子最小的才一歲多，還有很多小孩是第一次接觸群體生活，也是頭一次知道除了爸爸、媽媽外，還有一個有著老師和同學、叫做教室的地方。自然而然，不少家長便把這個教室當作是進入幼兒園之前的銜接班了。

　　從事教育這幾年來，深知小朋友面對陌生環境時，常會感到不安，其實就算大人難免也會感到緊張；另外，我更看到許多孩子在如今到處充斥著 3C 聲光刺激的狀態下，穩定度並不是很好。

　　但許多家長在選擇課程與教室時，看重的是設備的等級與教材的浮誇度，而不是注重課程的本質，所以我不斷的思考，怎麼樣才能儘量不用物質引誘的方式，縮短幼兒接觸、熟悉環境的時間？除了用布偶娃娃或玩具堆疊空間外，有沒有其他可能，是讓教室本身就存在著藝術美感，並且還能讓孩子感受到這是個安全、能夠全心融入的場所？

　　最後我們的教室變成了現在的模樣，它不像一般裝潢得十分童趣或色彩繽紛的幼兒教室，大部分幼兒的裝飾，其實是小朋友們的創作，讓初來乍到的新同學們能產生親切感，而已經入班學習的孩子也能有成就感。

　　最最重要的是**學習氛圍的建立**，每一個參與學習的人，都應有機會表達自己的意見和看法，即使是小小孩也一樣。我想打破傳統「老師─學生」很鮮明、具權威性的立場，也就是老師的答案不一定是完全正確、沒有缺陷的，更何況這裡是一個講求藝術和創造力的空間，很多時候，從孩子身上反而能看到截然不同的視野，所以一起創作、一起分享、專心聆聽都非常重要。

　　教室情境的建構，跟培養小孩的生活力又有什麼關係呢？我想說的是，同理可適用於家庭之中，當爸爸、媽媽賦予小寶貝們一個類似氛圍，且能提供多樣嘗試機會的環境時，讓他們知道他們可以充分展現自我，爸媽也會陪伴他們一起玩樂學習

時，家裡就會是一個很棒的生活教室！

　　是否得在孩子小小年紀就帶著他參加外面的課程，那就看各人所需，以及小朋友的接受度，不一定有絕對的必要性，但千萬記住，「家」絕對是教育的本質！

面對真實生活的第一步,從做家務開始

雖然我們的課程總是鼓勵爸爸、媽媽一起進入教室,成為孩子學習過程的最佳夥伴,但偶爾也會發生幾次例外,比方媽媽太忙,由姑姑陪同小孩前來等。曾經有個剛上幼兒園的小女孩 Mina,媽媽只在繳費時出現過一次,之後都是由家裡的幫傭帶來上課的。

「你把那個拿給我!」、「這個我不要……」Mina 在上課過程中不斷對著幫傭阿姨頤指氣使,儘管老師加以引導,希望她注意禮貌,然而卻不見效果,甚至影響到其他孩子開始模仿了起來。等到課程即將結束,老師提醒大家一起收拾桌上物品時,Mina 卻一動也不動,等著幫傭阿姨幫她收好。

「Mina,我們一起來讓教室變整齊好不好?跟著大家一起幫忙吧!」

儘管老師循循善誘,Mina 仍然不為所動,答道阿姨會幫忙:「那些事本來就是她要做的,在我家都是這樣啊!」

　　我從很多孩子的表現觀察到：有部分小孩並沒有「家」的概念。這倒不是說他們家裡沒有溫暖或是缺乏關愛，相反的，現代都會區裡的爸爸、媽媽，其實都給予小孩相當多的疼愛與呵護，但因為不曾和大人一起做家事，或參與家庭活動，無法體會家園需要大家一起來守護，也不知道家裡的大小事情應該是要所有人分工合作完成的。

　　「可是這麼小的孩子要讓他做些什麼呢？他連自己吃飯都飯粒掉滿地了，更不可能叫他掃地、拖地……」

　　我想大家會有這樣的困惑，這時候，不妨讓他們試著照顧一盆小植栽吧！讓小小孩感覺自己也可以為家裡盡一份力量，其實就是刷一個存在感。學著分擔家務的一部分，不僅有助養成他們基本的生活技能，訓練手眼協調和獨立性，也能夠提供孩子建立自我存在的價值。

　　不管什麼年紀，人都有被需要、感受自己具有一定程度重要性的需求。是否注意到，有些孩子在某個階段會出現尖叫

的行為呢？有家長會解讀「這孩子就是壞、任性」，然而事實上，大多數是因為他們缺乏存在感、沒有其他事情可以做，或是他感受不到大家的關注，所以必須做一件事來吸引大人們的注意。

有時也會因為到了一個陌生環境，因恐懼、不安全感而尖叫，這時候家長的反應格外重要，千萬不要先責備，而是給予他們更多的安全感，讓小孩喜歡適應陌生環境。

透過日常的家事參與，使他們產生「**原來我也可以讓家裡環境變得更好**」的信念，如此一來，不但能增加自信，也會對家庭更具向心力。

我很鼓勵家長讓小孩共同加入他們能力可及、並且是在安全範圍內的家務，比如我女兒現在雖然上幼兒園了，但當她還很小時，便開始和我一起整理衣服。

雖然必須坦承，她很多時候看似搗亂的成分居多，把整理好的衣服又弄亂，此時此刻媽媽心中的那股無名火又要升上

來，請切記此時一定要忍住，有些小孩確實是用這種方式在試探父母的反應及容忍度，但在這過程中，絕大部分的小孩其實是會觀察媽媽摺疊和收納衣服的方式、為什麼要這樣做等等，然後跟著複製動作。

舉個例子，幾乎所有的孩子都玩過扮家家酒，並且樂在其中，因為這就是他日常生活的投射，是他每一天透過眼睛所看到的事物。那麼何不藉著實際的生活讓他動手操作呢？

市面上有很多跟家務相關的玩具，對於它們的優點和功能性我都十分認同，但我認為，真正的生活管理能力，還是要透過一點一滴的生活日常實踐達成，例如一直拿玩具碗給孩子玩，他就不知道碗摔了、撞了是會破損的。

虛幻的想像跟實際是不一樣的，像是我女兒第一次用塑膠刀切香蕉時，就感到很挫折，畢竟以前那些水果切片玩具，每個「切」起來都很整齊漂亮。

生活習慣的培養，並不需要花大錢，簡簡單單從使用安全

工具切軟質水果就很理想，就算切得不漂亮、搞得黏呼呼的又何妨（我家女兒當時也很開心的全部吃光光了）？順便也滿足他們刷一個存在感的需求嘛！

這也是我堅持課程裡一定要安排烘焙廚藝等課程的關係，一開始有人會說：「這對孩子沒有危險性嗎？會不會切到手？」、「讓小小孩做，大人反而要花很多時間清理。」……等等，但我想透過手作烘焙讓孩子知道，我們都是身處在一個真實的世界，所有東西都不是憑空而來，不能浪費、不能輕忽任何人事物及任何簡單的環節。要教導孩子們不能浪費，更直接的方式就是讓他們體會什麼叫做得來不易，這樣才能讓他們懂得珍惜。

若能讓他們在上小學之前就先有這些認知，我覺得是很棒的一件事，因為此一階段的小孩，不論是好奇心、吸收力跟願意參與的程度，相對都比較高。

第 4 堂課

良好生活習慣的養成，教他收好自己的玩具

曾聽過一般幼兒園會有「玩具分享日」活動，開放小朋友將家裡的玩具帶到學校跟同學們彼此交流。我們教室裡雖然沒有明確訂出這樣的特殊日，但因為很多小小孩會把布偶或玩具隨身攜帶到課堂上來，所以「玩具分享」這件事，在這裡倒也變成約定俗成的活動了。

一天下課後，艾咪媽媽來電說小孩的熊娃娃忘了帶回家，請老師先保管著，下次來再領回。後來跟艾咪一談到玩具的事才知道，她那天是回到家後自己發現，原本應該放熊布偶的櫃子空出一個位置，才想到是掉在教室裡了。

媽媽又補充道：「因為她玩具好多喔！所以我都有教她要自己分類放好，好處是可以收得很整齊，壞處就是那些玩具可一個都不能少，不然就會立刻被她發現！」

老師們聊起艾咪的這個習慣時，大家紛紛想起，才三歲半的她在課堂上，從很多細節早就展現出具備條理和責任感的性格，原來不是沒有原因的。

帶玩具來到教室的幼兒們，有很多是玩完了就忘記帶回家，當中一部分會在走出教室後，第一個想到自己的玩具不在手上，然後再返回教室尋找。當老師隨口詢問：「怎麼記得要帶玩具回家呢？」答案都是因為他們在家裡就有自己收拾玩具的習慣，甚至有些小孩就像艾咪一樣，非常清楚那些玩具都有自己該歸屬的地方。

另外一部分的孩子，則是玩具不見了也毫無所覺，一點也不在意，待下次回到教室後，不但沒有詢問，當老師拿出來詢問失主時，還經常沒有人吭聲呢！

曾經有老師提出疑問：「是不是因為玩具太多了呢？小孩因為這樣而不懂得珍惜。」

我的看法倒不是這樣，因為我曾碰過擁有許多物品但每一

樣都很珍惜的孩子。在少子化、孩子各個都是寶的今天，通常都有很多玩具，有沒有讓他們知道自己到底擁有多少、是否有一起整理，這才是關鍵。

「撿起來、放到某處」這對一、兩歲的小小孩來說，應該都有能力做到，只是往往收好玩具時，一個小時就過了。但是別忘了，父母也要參與其中，而不是只對他們說：「你去收好，不然就……」這種說法一來有懲戒、威脅的意味，二來變成是小孩必須自己單獨去面對的狀況，收玩具就變成了一件苦差事。

想要教育孩子，玩具是屬於他的東西，必須負起自理的責任，不妨跟他說：「玩具要休息囉！我們是不是一起來幫助他回家呢？」

也可以搭配遊戲、唱歌等有趣的方式，並且示範給他看。另外，最好養成「先將這一個物歸原處再換下一個」或一次只拿某幾樣玩具的習慣，避免小小孩們玩累了、不想再繼續時，

看到要收拾的東西太多而失去耐心。

　　稍微大一點的幼兒，建議家長可以多加引導並一起討論，由他自己決定擺放的方式，最好還能讓他試著說明：「我覺得兔兔應該放在這裡，因為……」

　　當孩子說出具體整理的想法後，只要玩具不見了自己就會發現，因為這是他發展出來的一套故事，具有一定程度的情感連結，而不是一時興起，亂塞在櫃子或玩具箱裡的。

　　透過這樣的歸納和定位，連帶還可以強化孩子的理解力及表達能力，並且刺激創造力和聯想力，何樂而不為呢？

　　我曾經遇過一個特別的案例，有位小孩帶了一個很可愛的玩具來教室，我開著玩笑跟他說：「可以借老師嗎？」

　　沒想到她的答案讓我驚訝不已：「玩具如果沒有帶回家，我就不能再跟媽媽交換另一個玩具，因為玩具是媽媽借給我的，我要回家問媽媽。」

　　哇！這真是好棒的方法！

後來跟家長聊天才知道，他們家裡還有其他手足，平時在家裡常常為了搶玩具爭吵，在管教的同時哭得死去活來，結果被最寵愛他們的爺爺看到了，於是爺爺乾脆直接一人買一個給他們。

但是這種方式絕對不是根本的解決之道，所以這位家長就想出了小孩最愛玩的「老闆遊戲」，她告訴小孩，所有的玩具都是媽媽的，要玩就要跟媽媽借。這樣的做法，同時也教育了小孩「**有借有還，再借不難**」的觀念，是個相當值得參考的方法哦！

在家自學，跟著品客老師這樣做！

[STUDY 1] 小小設計師

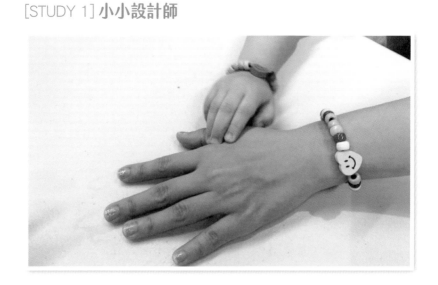

🤍 材料

珠珠（可準備不同形狀及顏色的珠
珠，如花形、愛心形、圓形、星星
形等，可依年紀不同準備不同大小
洞口的珠珠。如果怕年紀小的小孩
誤食珠珠，也可以準備中空餅乾）、
彈性線、安全大頭針、剪刀

🫶 做法

步驟 1

拿出彈性線量手圍（長度要多預留幾公分，最後需要打結收尾），確定長度後，再往後對折一半變成兩倍長的線（如 10 公分 X 2 = 20 公分），將線剪斷。

步驟 2

將量好的長線穿入安全大頭針後，把線對折後在尾巴打結，接著開始串珠，珠珠的順序可依個人喜好分配，最後線的頭尾留一小段，將頭尾交叉打結即完成。

貼心提醒：常練習可以訓練小朋友的穩定度與手眼協調。

[STUDY 2] 錢幣顏色配對買賣體驗

🍑 材料

彩色錢幣、買賣錢幣對照圖、任務
卡、蔬菜水果玩具、小錢包、提籃
或小推車

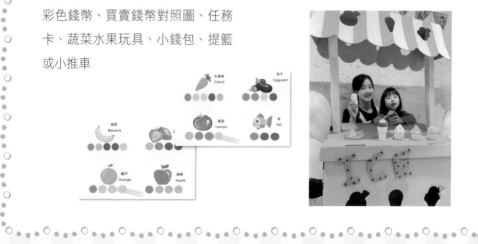

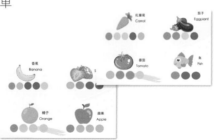

❤ 做法

步驟 1

準備彩色錢幣（可用色紙剪不同的
圓形代替）、小錢包與玩具蔬菜水
果，先學習錢幣顏色分類，再照家
長的指令，練習對照顏色來付錢。
練習數次後，家長可以給小朋友任
務與提籃或小推車，出任務去購買
蔬菜水果囉！

步驟 2

按照家長指派的任務，購買蔬菜水
果，完成結帳買賣的程序，學習自
己對照顏色並且練習付錢數次。
記住家長所指派的購買任務，可以
訓練小孩的專注力與執行力。

[STUDY 3] **Pizza Hot**

🫐 材料與器具

墨西哥餅皮（1片，可用厚片吐司
替代）、花椰菜（1小朵）、玉米、
紅蘿蔔（半顆）、起司、番茄醬、
鮪魚、鹽、安全塑膠刀子、刨刀、
砧板、鍋子、電磁爐、烤箱、湯
匙、碗、盤子

🫐 做法

> 步驟 1

將花椰菜清洗後切成一朵朵，放入鍋中煮熟（煮時加點鹽會更有味道），
起鍋後放涼，讓小朋友先用手剝碎，再用塑膠刀切更碎。

步驟 2

清洗紅蘿蔔，接著放入鍋中煮熟，
起鍋後放涼並且刨絲。

步驟 3

墨西哥餅皮塗上番茄醬，放上碎小花椰菜、刨絲紅蘿蔔、玉米、鮪魚，
最後鋪上起司（全部都均勻分布）。

步驟 4

放入烤箱 180 度烤 8 至 10 分鐘（溫度視烤箱而定，有些烤箱需要調到
200 度），因披薩內部有放食材，所以餅皮會是濕的，外層皮只要變硬
即表示完成。

[STUDY 4] 小小花藝家

🫧 材料

葉子（綠）、彩色書面紙、毛球、
剪刀、保麗龍膠、雙面膠、鉛筆、
湯匙、小盆栽、種子、培養土

♡ 做法

步驟 1

裁剪長方形綠紙（30 公分 X22 公分）、彩色正方形紙（5X5 公分）。

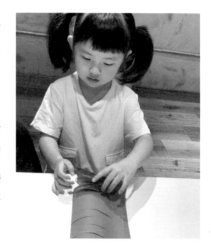

步驟 2

將綠紙的短邊對折（30 公分 X11 公分），用剪刀在對折線處以平均的距離剪一條一條的，剪完後像捲毛巾的方式捲好，在最底端用雙面膠黏住。

步驟 3

將彩色正方形紙對折變成三角形，尖頭朝上，兩邊角分別往對角線折成花的形狀，在下面用鉛筆畫一個圓弧形，使用剪刀剪下後打開黏上毛球（使用各種顏色做出不同顏色的花），把做好的花黏在葉子部分放入盆栽。

步驟 4

將栽培土裝入盆栽 6 分滿，放數顆種子在土上後，再鋪上薄薄一層土（大概 1 公分左右）。

種植方式依照選擇的種子來照顧，需給種子陽光與水。

貼心提醒：小朋友可藉由培養種子成長，訓練生活力與了解生命的價值。

[STUDY 5] **Lollipop Cookie**

🍡 材料與器具

低筋麵粉 220 克、
奶油 100 克、糖粉
50 克、雞蛋 1 個、
鋼盆、攪拌器、刮
刀、篩子、竹籤、
包裝袋、鐵絲、磅
秤、湯匙、碗

🫐 做法

步驟 1

製作前奶油需先在室溫退冰，準備好所有食材與器具。

步驟 2

糖粉及室溫奶油均勻攪拌後，將蛋液（全蛋）分 3 次依序加入攪拌。接著將麵粉過篩後，加入繼續攪拌均勻，完成後將麵糰先搓圓再搓成細長狀，把麵糰像蝸牛殼一樣捲成螺旋狀並插上竹籤。

步驟 3

進入烤箱，上下火 170 度 25 至 30 分鐘（烤箱需先預熱 180 度 10 分鐘，溫度視烤箱而自行調溫度）。

步驟 4

出爐後放涼，用包裝袋將餅乾部分包起來，用鐵絲綁起來即完成。

第二章　啟迪 KIDS 學習力
——結合「故事力」和「肢體活動力」，
　　包括表達、組織、觀察、聯想都涵蓋在內

第 5 堂課

繪本共讀——創意、想像、表達的最佳管道

Jamie 從滿月後就由南部的爺爺、奶奶帶大，直到兩歲多，媽媽選擇離開職場後，才回到臺北家裡。第一次見到媽媽時，她就很坦白的說：「老實說，我在家帶她真的不知道該怎麼相處，所以想來外面上課，不然都要悶出病了。」

這位認真的媽咪後來每堂課程都非常投入其中，可以感覺她很想要跟 Jamie 拉近距離，但因太過求好心切，經常在上課時聽到她對女兒說：「這不是這樣做的。」、「你要坐好一點啊！」

某一天，媽媽向我借了兩個禮拜前老師在課堂所說的故事繪本，翻了翻之後對我說：「她前幾天在家跟我說了這個故事，當時我就發現怎麼零零落落的，好像跟老師上課講的有點類似但又不一樣，現在證明她根本就亂講，這樣到底是有沒有認真在上課啊？」

　　在創辦這個幼兒多元藝術課程之前，有針對坊間的才藝教室做了一些功課，發現有些繪畫課，讓小朋友拿了紙筆以後，便從頭到尾都坐著畫。

　　這種方式不是不好，只是對有些年紀比較幼小的孩子來說，其實久坐是有困難的，加上我的理念是以藝術為出發點，玩出樂趣，從中找出興趣，當小朋友有想做的事情時，都可以親師一起完成的探索天地，所以最後便以一個統整性的課程架構展開。

　　首先利用約五分鐘時間，告知家長今天上課的內容，儘管課程表上都有清楚寫明，但還是希望透過再次提醒，讓爸爸、媽媽參與時能夠更明瞭。

　　在上課時我們很常發現，許多家長把小孩送來上親子課程，但卻不願與小孩一同學習，或是坐在一旁滑手機，**對於學齡前的幼兒來說，他的小小世界裡，父母是他最信任的人，最棒的學習對象。**

　　這個階段的啟發課程，老師很需要家長的協助，讓容易沒有安全感或是容易對陌生環境感到焦慮的小朋友，願意敞開心胸接納新的人、事、物，請家長們記得要當寶貝最優秀的同班同學喔！

　　接著老師會以十到十五分鐘，搭配繪本或投影的方式述說故事，目的是為了先安定小朋友們的情緒，從師生互動裡漸漸營造出當次課程主題的情境氛圍。

　　不得不說，故事的力量確實很神奇！有部分孩子的確一開始會有在教室隨處走動、無法安靜的狀況，但經過幾次之後，每當繪本一打開，他們就知道這是要坐下來聽故事的時間了。

　　能夠持續在這裡完成一年課程的孩子，專注力從一開始的五分鐘，逐漸拉長到二十至三十分鐘，甚至是一整堂課都能夠專心做完學習和作品。

　　除此之外，繪本也是提升觀察力、想像力，並且拓展視野的良好媒介。比方說，老師藉由一個描述小金魚的故事，就著

圖片問孩子：「金魚會在哪裡呢？是在櫃子裡嗎？」

　　這時候，有的孩子會答可以，媽媽有時可能覺得小孩在胡亂回答或搗蛋，但事實上是他可能從來都沒開過櫃子，也不知道櫃子是做什麼用的。

　　也有孩子會說：「我們家的櫃子都是用來放媽媽衣服的，衣服不會跟金魚在一起呀！」

　　像是這樣讓小孩去說出所觀察到的事物，他對於動物的生態與周遭環境，就會有基礎的認識。

　　又譬如故事繪本裡頭出現的電視機，大部分是復古造型的，現在絕大多數小朋友都不曾看過，透過繪本卻能夠一睹這樣的古董，並且得以比較跟家中電視機的不同之處。

　　也許在大人眼中，繪本看起來都很簡單，然而對極為單純的小孩而言，卻包含了相當豐富的內容。除非家長讓他從 3C 接觸到很多資訊或圖像，否則若不經過繪本，很多東西是他目前年紀無法看到、體驗到的。

　　教室裡還有小朋友，是先從繪本認識到各種動物後，便央求媽媽帶他到動物園裡參觀，可以印證一下繪本裡的動物和實際的動物有什麼不同。

　　而故事能產生出溫度，必定是因為有大人先敘述，也許還帶了動作，然後再加以指引、教導，幼兒方能對內容感到有興趣。我們就有好幾位家長，因感受到故事的魅力後，添購了一模一樣的繪本回家講給孩子聽。

　　許多家長跟我說，其實他們在家都會唸故事書，但因為不知該如何把故事講得有趣，就像朗讀一樣一字一句帶過，所以小孩都沒有太大的共鳴，乾脆買老師講過的繪本故事，跟著老師講故事的方式如法炮製，有時還會被小孩糾正「故事不是這樣說的」，哈！真是好棒的親子互動呢！

　　事實上，親子互動不只是大人講、小孩聽，我們在課堂上也會引導寶貝們，聽完故事記得要再跟爸爸、媽媽分享。很有趣的是，從家長的回饋裡發現，往往每個孩子的版本都不一

樣，或許會跟老師說的有點出入，但某些元素、人物或情節是類似的；或者是同樣的故事與場景，但角色突然變成了父母及家人們等等。

這些都沒有關係，可以說這也是我們希望達到的效果，雖然每項課程有固定的教學大綱與教案，可是澆灌給每個孩子後，我希望都能依照他們的發揮與想像，產出不一樣的火花，無論多麼的天馬行空，或自己又發展其他故事出來，這就是他所學習到的，也是他創造力、表達能力的展現。

下一次，只要小小孩們願意跟你說上一段故事時，**先試著當個傾聽者與發問者，別再急著去糾正內容的對錯了！**

第 6 堂課

鼓勵他表達，建立自信心

第一次看到小傑，就很明顯感受他害羞的個性，已經兩、三歲的年紀了，卻像無尾熊似的幾乎黏在媽媽身上。本來以為只是對環境陌生的反應而已，但是等到實際上課後才發覺，小傑其實非常想融入課程中，但無論做什麼都會說：「媽媽牽！」、「媽媽跟我一起。」時時刻刻無法離開媽咪一步，並且做任何事情或選擇都會先看著媽媽再決定。

老師們在這當中觀察，媽媽並不是沒有讓他自由操作的機會，也會說：「你去挑自己要的工具呀！」但小傑卻好像十分缺乏自信，原來是因為媽媽對他的照顧太過無微不至了，導致他誤以為自己應當做、有能力做的都必須倚賴媽媽才能完成。針對這種情形，我們只好一反常態，請媽咪在某些時刻離開教室。

所幸，在老師慢慢予以引導，以及媽媽的共同努力下，當一期課程即將結束時，小傑即使沒有媽媽陪伴也能完成任務了！

　　常常有家長詢問，孩子幾歲可以開始上課？什麼課程適合幾歲的孩子？就我們的經驗而言，大約一歲半是可行的，但必須是家長一起陪同的狀態。陪同並不是帶著寶貝去上課後，便把孩子完全交給老師，父母只是做為一個忙著拍照、自己低頭滑手機等旁觀者的角色而已，否則教室就變成托嬰中心了，這樣一來，老師忙著照顧，孩子便無法得到更完善的學習成果。

　　在我們的課程裡，把第一次出來學習的孩子歸於「minikids班」，這種課程全程需要一位家長陪同，每次下課家長都會直呼「好累」、「根本在鍛鍊爸媽」。坦白說，帶孩子出來上課的家長很多，但願意親身陪同上課的真的有限，對於這種家長，老師們都給予最大的讚賞與鼓勵。

　　這個階段的小孩最熟悉的就是父母，父母給予他們極大的安全感及影響力，在課程裡父母是孩子最棒的同學，像是課堂裡的大哥哥、大姊姊般，在老師的引導之下，一同學習。

　　學齡階段的兒童在學校上完課後，若已培養出良好的生活

常規，通常回到家可以自己複習、作功課，或能夠重複老師上課的內容，但小小幼兒是沒辦法做到的。

所以我希望家長來到這裡，能夠在一起參與、體驗親子共學的樂趣後，回家還能再跟寶貝們互動，而非對孩子的學習狀況一知半解，甚至完全不清楚，最後只等著驗收成果，這樣就太可惜了！

然而，小傑這個例子則是截然不同的情形，所以我們從中去探究小傑這種行為的背後原因，期待訓練他在足以自己達成的事務上，能夠獨立自主、擁有自信。

雖說是訓練，但方法不能是強硬的；相反的，大人要更有耐性、給予更多鼓勵，因為有時候孩子過於依賴，有一部分只是希望獲得大人的肯定與讚賞。在沒有過多設限的前提之下，讓幼兒透過多元的圖書、活動、教材與玩具得到豐富體驗，供應腦部足夠的刺激，孩子未來便能獨立進行很多的行為和創造，激發出令人意想不到的潛能。

　　而所謂的多元體驗，並不一定是要藉著教室場所才能發生，也不必用到特別的專業技巧，就像是媽媽做菜、讓幼兒幫忙擺盤，這也是一種藝術創造的表現呀！最好還能讓他說說自己為何這樣排列組合，一方面激發想像力和表達能力，另一方面的附加好處是，有些孩子本來不喜歡的蔬菜，會因此便輕易接受了。

　　再次強調，**獨立自主是可以被訓練出來的**！以我自己和四歲女兒的相處為例，儘管她年紀小，但是不管做出什麼行為或決定，就算是有錯或不恰當，第一句話絕不能是責備。雖然我也常常在發生狀況的當下，理智線都要斷裂了，一股火要噴出來又收了回去，冷靜三秒後，我試著讓他表達原因，告訴大人他為什麼這樣做等等，有時聽完解釋，就會很慶幸當下沒有一秒變虎媽。

　　先讓孩子有機會把事情解釋清楚，接著才是釐清該怎麼做，或建議他如何做會有更不一樣的發展空間。如此一來，之

後小孩碰到任何事情，自己就會主動跟父母說，就算是不喜歡、不想做的事，也會直接表明，而不會是畏畏縮縮的。讓孩子大方表達自我感受，然後才是跟孩子講道理或是訂定規矩，並讓他明白為什麼得遵守。

由於先前和大人有了良好的互動、累積某種程度的自信，孩子即使不喜歡，一開始可能會說出不想、為什麼要做等字眼，但至少他勇於表達自己的感受，而非壓抑情緒，明明很不喜歡，卻很勉強或莫名其妙的接受。

孩子說出想法，再經過雙方溝通後願意達成協商，跟只在乎得到父母關注和認可，卻不敢有任何意見的狀況，無論是中間所經歷的過程，或者是對於小孩心理上的建設，都是全然不同的。

在課程裡，我們則落實了讓孩子上臺發表的做法。當作品（各種形式的作品，也包含舞蹈）完成後，小朋友必須自己表達他做了什麼、這樣做的目的跟想法……，不論他說了什麼，

都應對他願意分享予以鼓勵。

　　以前我還碰過有不少孩子對能夠站上這個小小講臺感到很開心，因為在家中年紀最小的他，以前可能根本沒有說話、傳達意見的空間，也不知道原來這樣做是會有人為他鼓掌的。

　　建立自信心是幼兒時期的發展重點之一，當小孩知道不管他表現如何都會有爸媽的支持，便能盡情揮灑、大膽展現，而這點在創作上確實是非常重要的。

第 7 堂課

從玩樂中學習，效果加乘！

一位媽媽預約來到教室希望了解課程，「我聽了朋友介紹，說你們的課程是多元的學習，有動態也有靜態，對嗎？」

老師把一期的課程規劃表拿出來解釋：「沒錯！媽咪，我們針對幼兒的部分是透過一年的時間，將畫畫、舞蹈、音樂、肢體開發、烹飪等各個領域做一個濃縮的教學……」通常講到這邊，大部分的家長都會說，可是我的孩子不喜歡跳舞，或是為什麼這麼小要學烹飪……等等。

但這位媽媽卻高興的說：「這就是我心目中的教學模式！」

原來四歲多的小嘉，在兩、三歲時便已進到幼兒園裡上學，可是一陣子下來，她發現園所給了好多紙筆練習，「還有好幾次因為天氣不好，把室外活動課程取消了，如果能在室內做做活動也很好，沒想到老師又是拿出一些練習本，要他們塗塗寫寫的，可能是因為這樣比較方便管理孩子們吧！但這根本不是我想要的教育方式。」

　　我很喜歡跟大家分享我們教育的精神：「**從玩樂中學習藝術，讓藝術變成樂趣**」，就是玩藝——玩藝術、玩才藝，希望不是一個給小孩壓力、要他必須這樣做那樣做的地方，而是無論大人、小孩都能用玩樂態度來接觸藝術與創作的探索園地。畢竟對幼兒來說，喜愛遊戲、活動本就是天性，也是每天最重要的事，將其發展為主要的學習途徑，再適合不過！

　　不論是藝術或其他領域，在這個階段都不應該把它當作一門學科來看，而是在日常生活中、透過不同形式習得的過程，形式最好能包含視覺、觸覺、聽覺、味覺、嗅覺等不同的感官刺激。比方說，學數字一定得要乖乖坐在椅子上書寫才學得會嗎？藉由跳格子遊戲，甚至是利用看時鐘、爬樓梯、購物等行為，都是帶著孩子練習的好時機。

　　將學習融入生活裡，能夠藉由親自參與其中、身體力行的體驗與感受，強化腦部的思考、幫助建立連結，這樣一來，孩子自然而然就能記得住。

　　因此，我們的每一堂課程設計，也始終強調必須加入大肢體的運動與具有趣味性的小肌肉活動。比方有一堂畫畫課，便是在潑上顏料後用手腳、關節任何一個身體部位，在一張大紙上作畫；同時肢體課程也不是只有跳跳舞、滾一滾、爬山洞等等，和所有其他課程一樣，在主軸之外，也透過繪本讓小朋友了解公共場所會發生的狀況，最後並由老師帶領小朋友一起洗手，導入衛生保健的生活常規。

　　舉一個音樂課的例子來說，我們並沒有準備特殊的樂器，而是運用不同大小的鍋碗瓢盆來進行創作。

　　首先，老師在上面貼了不同顏色的貼紙，樂譜也利用顏色做標示，如此一來，在看樂譜學習敲擊的過程中，較年幼的小孩也能順便對顏色有所認知。

　　第二步在聽辨音的訓練上，我們在老師跟小朋友之間加上一道簾子，由老師敲擊某一個「樂器」讓小朋友學習辨音，但不是用說的，而是讓孩子敲自己前方樂器的方式來回應，很

　　有趣的是，當敲擊過程中有人發現發出的聲響和老師的不一樣時，他便會默默的再試著敲另一個。

　　透過這樣的活動，既能滿足幼兒們愛玩耍的需求，並且不需要有人說敲錯了，他也能自己改正過來，沒有壓力又能達到教育效果，從玩樂中學習可說好處無窮！而我在課堂上也發現，不只是小孩，有很多家長來到教室和寶貝們一起上課，反而玩得比孩子還要開心呢！

正向引導，好動兒玩出專注力

Tony 初次上課時，一點都沒有面對新環境的陌生感，到處走走逛逛、問東問西，十足的好奇寶寶！

「他從小就是這樣欸，幾個月大就開始爬上爬下的，大一點以後，每當要好好坐著畫畫或彈琴的時候，總是過沒幾分鐘就站起來，或是這裡碰一下那邊摸一下的。」當老師加以稱讚時，媽媽卻望著兒子興嘆。

大約上了兩個月的課之後，可以發現 Tony 在肢體律動課時真的很投入，動作也很協調，我腦中突然浮出一幅他將來變成運動員或舞蹈家的畫面。加上他非常勇於表現，經常還有帶動班上氣氛的效果，就連原本害羞的小朋友都受到感染，也有領導者的氣質呢！

突然間，聽到 Tony 媽媽又噓出一口氣，她看著跑跑跳跳、滿頭大汗的兒子，問道：「Tony 整堂課都沒有坐下來休息欸！他是不是過動啊？老師妳看呢？」

　　對於家中那位有如勁量電池般精力充沛的小朋友，不知道爸爸、媽媽們是為孩子的健康活潑感到開心，還是像 Tony 媽咪一樣充滿擔心？

　　事實上，我遇過許多偏文靜害羞的小孩，家長反而希望他們能更活潑外放一點呢！有些孩子天生好動，有的則活動量偏低，小小孩真的有過動傾向或真的太內向嗎？還是因為他們這樣的表現並不符合家長的預期，覺得孩子上課時就必須乖乖坐著或應該更積極一點呢？

　　關於 Tony 媽媽的疑慮，我當時建議她過動症的評估還是要尋求專業醫師診斷，但就老師們在課堂上的觀察，倒覺得狀況不像媽媽所擔憂的那麼嚴重。

　　怎麼說呢？儘管孩子很喜歡活動、看似靜不下來，但是在參加手作或烘焙課程時，同樣也能好好坐著聽完老師的指令，並且完成作品；而 Tony 在舞蹈課程上更可說是表現優秀，所以單一從孩子熱衷於跑來跑去這個面向取決並不夠精準。

　　我覺得上天對待每個人都是公平的，五育發展都很棒的人畢竟是少數，應該是依循每一個個體的專長加以發揮，而非在已經了解孩子就是屬於活潑好動型的，卻又私心期待將他培養成一名鋼琴家，結果看小孩坐不住了，又懷疑他沒辦法安靜下來練鋼琴、是不是過動兒等等。

　　與其一開始為跑跑跳跳、「看似不專心」的孩子貼上過動的標籤，不妨先試著找出孩子在日常生活中，是否有他能表現出專注力的事物，而他在什麼狀況下會靜不下來、有沒有干擾他的原因。

　　其實，只要是活動、玩樂的場合，尤其是群體參與時，小朋友玩到瘋狂、沒辦法突然間安靜的狀況非常正常。這就像父母帶著小孩到公園遊玩，玩得正開心時就被告知馬上要回家了，而很多孩子接下來便會哭鬧一番、不肯離開一樣。

　　這樣的情形確實也發生在教學上，因此我們不斷檢視、加以修正微調，具體來說就是在進行比較亢奮的活動課程後，會

讓幼兒們坐下來回想課堂上做了什麼事情、讀了什麼故事、使用哪些樂器等等，等於是做一個複習跟收操的程序。

　　但是在收操之前一定要有預告、緩衝的時間，比方說即將收操時，跟他們說時鐘長針指到五，就要坐下來進行問答遊戲。我發現只要讓他們先有心理準備，大部分幼兒都是可以接受的，在這當中孩子便能漸漸學會溝通，擁有比較好的情緒控管能力，而普遍觀察情緒穩定的小孩，無論是學習的展現或是表達能力上，也會較為突出。

　　當家中有個好動的寶貝時，家長自身的情緒管理及怎麼面對，都是影響他怎麼發展的關鍵。譬如我們經常看到有父母因為原本期待子女配合卻沒得到順從，所以覺得孩子根本不聽話，情緒有時甚至比孩子更失控。

　　還有家長看到兒子每到肢體課程就會跑去打其他小孩，因而想說動態課乾脆不來上就好了，但我們跟媽媽溝通，如果不了解問題所在並協助改善，將來還是會碰到同樣的問題。

　　唯有了解自己子女的天生氣質，針對他獨特的反應方式不加以逃避，運用正確方法引導，才能幫助他朝對的方向去學習，進而發揮潛能。而父母在遇到小孩發生問題後的自身情緒管理及處理方式，也是影響小孩未來發展很重要的關鍵之一。

在家自學，跟著品客老師這樣做！

[STUDY 6]**Bubble**

🫐 材料

圖畫紙、寶特瓶、橡皮筋、竹筷、毛根、毛巾、顏料盤、泡泡粉、美工刀、顏料、畫衣（也可以使用兒童雨衣代替）

🫐 做法

步驟 1

認識會使用到的顏色（紅、橙、黃、綠、藍、紫、黑、白、咖）

步驟 2

請儘量使用小朋友專用安全無毒泡泡粉，加入水後攪拌至起泡。創作前先穿上畫衣，將畫紙平鋪在地上。

步驟 3

在創作前，先將毛根綁在竹筷上，形成一個圓形，然後用美工刀將寶特瓶底部的 1/3 割下，使用橡皮筋把毛巾綁在寶特瓶底部，兩者準備好就可以開始創作。

步驟 4

首先使用竹筷的棒子吹泡泡，沾有顏料的泡泡水，輕輕的往畫紙一吹，泡泡就附著到紙上囉！

步驟 5

接下來，使用寶特瓶吹泡泡，沾有顏料的泡泡水，嘴巴在小圓口處往外
吹出泡泡，泡泡會藉由毛巾的小洞口出來，形成密小的泡泡。

步驟 6

過程讓小朋友自行發揮，使用不同顏料來創作屬於自己獨一無二的泡泡
畫。

貼心提醒：在使用寶特瓶吹泡泡時，需要注意小朋友的使用方式，要向
外吹而不是向內吸，注意不要讓小朋友向內吸入喝到泡泡水。

[STUDY 7] 蛀牙王子

🫧 材料

輕黏土、蠟筆、打洞器、保麗龍膠、厚畫紙（可用紙箱替代）、牙刷、畫衣

做法

步驟 1

在畫紙畫上蛀牙寶寶的臉與五官。

步驟 2

將輕黏土搓成一顆一顆的牙齒，用
保麗龍膠黏在厚紙板的上下緣（可
自行創作牙齒形狀、大小及顏色）。

步驟 3

分享自己的作品，介紹自己的蛀牙寶寶，是否是個愛刷牙的乖寶寶呢？

刷牙步驟：1. 先刷下排再刷上排牙齒；2. 先刷後牙再刷前牙；3. 先刷牙齒內側再刷牙齒外側；4. 漱口。

[STUDY 8] 敲敲敲

🌼 器材

木棍、鋼盆（大、中、小）塑膠碗、各色點點貼紙、寶特瓶 X2、綠豆、砂糖、膠帶、剪刀

做法

步驟 1

認識、敲打器材，貼上不同顏色的點點貼紙（如：大鋼盆「紅」、中鋼盆「藍」、塑膠碗「黃」、小鋼盆「紫」），用木棍敲打，聽聽聲音的差別有什麼不同，帶著小朋友一起敲打，熟悉四個器材發出的聲音。

步驟 2

考驗小朋友的聽力與專注力，分辨敲打所發出的聲音。

步驟 3

準備兩個乾淨的寶特瓶，裝入綠豆至瓶子的一半後將瓶蓋旋緊，在寶特
瓶外圍貼上各種顏色的膠帶（需家長協助剪膠帶），幫寶特瓶穿上美美
的新衣。

步驟 4

將完成的沙鈴瓶貼上點點貼紙，與先前敲打的器材分組敲打合奏，跟著
品客老師一起照著教材敲敲打打吧！

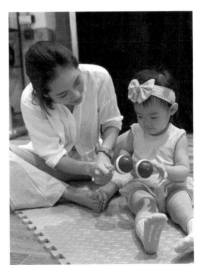

與小朋友一起完成一首打擊音樂：

家長可協助唱歌，教導小朋友照著歌詞下方的原點，敲打對的顏色的器具，也可以更換顏色做不同樣的練習喔！

TWINKLE TWINKLE LITTLE STAR

Twinkle, Twinkle, Little Star
How I wonder what you are!
Up above the world so high,
Like a diamond in the sky.
Twinkle, Twinkle, Little Star
How I wonder what you are!

[STUDY 9] 動物點點名

🟤 **教材**

準備許多動物圖卡，每種動物兩張

⬤ 做法

步驟 1

看圖卡認識動物，以長相或特徵來記憶。如：

獅子頭有長長的頭髮；

大象鼻子長長的、耳朵大大的；

牛的頭上有角，身體有一點一點黑黑的；

青蛙綠綠的，跳很高，舌頭會伸很長吃蒼蠅；

小鳥嘴巴尖尖的，有翅膀會在天空飛；

雞的頭上有紅紅的雞冠；

豬的鼻子有兩個圓鼻孔，身體胖胖的，有捲捲的尾巴。

認識完動物後，聽聽動物的聲音，如：獅子「轟轟」、大象「吼吼」、牛「哞哞」、青蛙「呱呱」、鳥「吱吱」、雞「咕咕」、豬「齁齁」。

步驟 2

藉由動物特徵，用身體來模仿動物，如：

獅子轟轟的時候嘴巴會張很大，加上手勢表示獅子兇猛的樣子；

大象鼻子長長的，將兩手交叉，一手伸直另一手彎摸鼻子；

牛的頭上有角，將兩隻手比一放在頭上，發出哞哞的聲音；

青蛙會跳很高，雙腳與雙手在地上起跳時，手離地往上跳高；

小鳥有一對翅膀，將雙手打開上下揮動；

雞走路，將雙手背在背後，小步小步往前走時頭往前推；

豬的鼻子圓圓大大的，用手將鼻子往上推，發出「齁齁齁」的聲音。

步驟 3

藉由翻面尋找相同動物的圖卡遊戲訓練專注力，另外播放動物聲音，讓小孩猜一猜聽到什麼動物的叫聲，也可以讓孩子運用肢體，模仿不同動物的特徵。

第三章　引爆 KIDS 實作力

——教室中常會看到比孩子更要求完美而動手幫孩子做的父母，如此一來孩子的學習就被阻斷了，要如何做才能協助又不干涉孩子呢？

第9堂課

學習過程裡，父母是合作夥伴

四歲的愷恩，是個慢條斯理的小男孩，無論是動作或說話，都不像一般的男生躁動；而愷恩媽媽則和他形成極為強烈的對比，經常可以在教室聽到她說：「你快一點好不好？」、「這樣做太慢了，不是這樣弄的⋯⋯」

某天，在一堂花藝相框的手作課裡，愷恩在眾多乾燥花材裡只挑了其中一種，黏滿相框的兩側，原本在教室外回覆一通重要電話的媽媽，回到課堂看到後，便直接拆下部分花朵，選了其他花材放在愷恩面前，喃喃說著：「這麼多材料怎麼只挑一種呢？太單調了，要像這樣多用幾種不同的花才會漂亮啊！」

「媽咪，我們要不要讓愷恩自己挑挑看再組合呢？」老師試著引導媽媽，但老實說效果並不大。等到課程即將結束，輪到小朋友上臺發表自己創作心得的時候，愷恩只說：「我本來不是想做成這樣的，可是媽媽說這樣才好看！」

　　父母「想要幫忙孩子進行得更順暢」的這種心理，我完全可以理解，但是在學習的歷程裡，主體應該是小孩本身，大人要做的是提醒、給予指引和選擇權。

　　然而在教學實務上，常常可見所謂的「協助、保護」，往往最後都變成了成人在主控全局或代替孩子做出選擇。

　　比方說，音樂課一開始，要到前面選擇樂器種類時，有些孩子坐在原地不動，心急的媽媽就會說：「妳去挑鈴鼓！」其實小朋友正在思考、還未決定好呢！家長卻直接拋出了答案，沒有考慮到孩子說不定對其他樂器也有興趣。

　　我們所面臨的世界，或許因為變遷腳步太快，所以必須很迅速、很有效率的完成每一件事情，但是小小孩過往累積的經驗與認知非常有限，小腦袋瓜裡還在忙著消化前一則訊息，結果就被大人硬生生的「解決」了！

　　藝術是讓每一個人都展現屬於他個人的特質與魅力，我衷心的希望我們身為家長或教育者，**絕對不要告訴小朋友終點在**

哪，而是成為他們的梯子，輔助他們爬得更穩爬得更高。既然對象是幼兒，那麼主導權應該在小孩身上。

作為老師或家長的我們，儘管經驗豐富而成熟，但只能是輔佐的角色，是幫助孩子能夠獨立、樂在學習的夥伴，如此而已。但往往我們看到的，都是父母變成了具有威權的支配者或監督者，越是這樣，小朋友更無法自主學習、欠缺判斷能力，也會感受到巨大的壓力。

尤其像是引言故事裡的愷恩，還來不及說出自己的想法，創意便直接被媽媽否決了。由於深刻體會到教學過程遇到最大的困難，其實是來自家長而非小孩，所以我們也在課程上做了一些調整，那就是增加日文、德文、法文、韓文等外語教學的部分。

為什麼外語會跟親子間的互動相關呢？我發現包含我在內的成人，只要到了一定年紀，便覺得自己知道的很充足，常常有種「我是媽媽，懂的事情比小孩多也比他做得好」的成見。

藉由外語的介入，儘管教學內容是針對幼兒，所以程度偏簡單，但因為是陌生的語言，老師所講述的異國文化也不是大人日常所接觸的，陪同上課的家長，不僅僅是上課都變得十分認真，跟小孩站在同一個起跑點上，同時也無法將自己過去習以為常的觀念、做法套在子女身上，直接產生主導的行為也就降低許多了。

特別說明這一點的原因，主要還是在提醒家長，老師們真的很希望多元才藝課程能打造出**親子共學**的氛圍，也努力嘗試許多方法改善我們所面臨到的問題，父母、幼兒、老師應當是一個相互支持的學習共同體。

再談到基於「**協助孩子**」為出發這一點，我舉個最常見到的烹飪課來說，不知為何，小朋友都很愛操作「打蛋」這個步驟，不過通常也會把蛋殼一起打進碗裡。一般家長對於協助的第一個直覺，通常都是幫小孩把雞蛋打到碗裡，因此我們的課堂會請家長先把蛋殼敲出一個裂縫後，再由孩子將蛋殼撥開、

讓蛋白和蛋黃流到碗裡面。

　　這樣才是「協助」、「適當的引導」，如果不讓孩子自己做做看，他永遠不知道蛋為什麼會破、應該怎麼做才做得好，對於幼兒的手眼協調能力也沒有好處。

　　我一直強調，在教室裡親子應當是彼此合作的團隊，不論是幾歲的孩子，都要有機會學習自己做決定。

　　「他還沒做我就知道結果了。」、「可是他那樣做，肯定會出錯的呀！」許多家長心裡難免會產生這樣的擔憂，這很正常，但如果這件事並不會對他自己或別人的安全造成危害，何妨讓他試試看，並從錯誤中成長？透過思考後的行動，再將可能有的錯誤加以修正，孩子才能「經一事、長一智」呀！

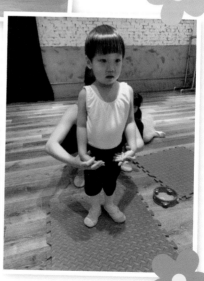

第 10 堂課

比起成果，過程更應被重視

有一天來了一位新生翔翔，第一堂課就帶來一臺玩具車，大方的和老師分享，「我這臺車跑得很快，是世界上最厲害的！」

接著準備開始畫畫時，不論是挑選工具或是舉手回答老師的問題，翔翔表現都非常積極，總是搶頭香。不過我們也發現，當中有一、兩次被別的小朋友拿走發言權時，他就會悶悶不樂。

完成繪畫作品後，翔翔將自己的畫攤開送到老師面前，認真探詢著：「老師，我是不是全班最棒的？」

「是喔！翔翔自己能夠全程畫完，很棒唷！」老師明確指出孩子值得鼓勵之處。

「耶！老師說我最棒！那……我是不是第一名？」

後來從翔翔媽一些談話中了解到，原來翔翔爸非常嚴謹，認為孩子不能輸在起跑點上，例如上完英語課回家後，就要立刻演練幾句、驗收成果，就連參加戶外活動也不能比別人慢……

　　我想，絕大多數的家長花錢送孩子上課，都希望能看到具體的成果。比方說上了美術課，就要看到一幅「漂亮」、「維妙維肖」的畫；上了幾期語文課，應該要能通過檢定⋯⋯

　　的確，既然都花費了時間和金錢來學習，要求成效自是相當正常。但是，所謂的學習成果，只是唯一的衡量標準嗎？

　　學習成果的檢視，除了具體的證書、「看似完美」的作品之外，還有其他諸如「享受創作」、「得到樂趣」、「擴充經驗」等層面的無形價值。因此在教學時，雖說是幼兒的課程，但其實一部分也想為家長帶來不一樣的教育觀點。

　　例如在每堂課之前，會安排幾分鐘的時間向父母講解課程重點，「這堂課主要是在訓練小朋友們的精細動作，所以不需對作品的美感太過苛求喔！千萬不要為了完成父母心目中的創作，而剝奪了孩子天馬行空的想像力及創造力！」

　　又譬如說，當某堂黏土手作課，老師拿出小兔子造型成品做為參考時，一般人這時通常會想，孩子也應該捏出相同的形

體，所以我們會事先告訴家長，重要的是過程而非成果，即使小孩沒有完成一個完整的作品都沒關係，只要能融入其中好好做一件事就很棒了。經過幾年的實踐與努力，現在很多相熟的爸爸、媽媽都能理解這一點，尊重孩子的創作。

普天下父母都有「望子成龍、望女成鳳」的心情，但請留意您小孩所接受到的訊息是什麼，像是「一定要畫得很棒」、「我們要當第一」、「等一下你要快點衝到前面去挑選」，鼓勵孩子加快速度、積極爭取沒有不對，可是對孩子而言，可能會變成只著眼於追求速度、成為第一名，卻是在缺乏思考的狀況下，胡亂完成而已。

每當聽到有家長這麼說時，老師總是告訴他們，有時間讓小朋友慢慢做，無奈有的媽媽又接著回應：「不行，他每次怎麼都這麼慢，做任何事都是這樣！」

我們並不是在舉辦競賽，幼兒階段的孩子，應當是透過廣泛的接觸與嘗試，並以玩樂方式來學習為佳，過於在乎眼前的

成果、效率，把父母本身的期待加諸在他們身上，常常是導致小孩興趣缺缺的最大敵人啊！

還是要再次強調，特別是在舞蹈、創作、繪畫、音樂等藝術領域裡，技巧都是可以慢慢磨練出來的，有沒有給予孩子展現能力與想法的機會，以及過程中他是否有所獲得、樂在學習，會來得更有意義！

舉個例子來說，有些孩子剛開始學跳舞時，動作不見得非常協調，但他跳起來卻很有自信、無比愉快，這時我覺得我們就成功了，因為他有很棒的臺風。

不管是創意的表現，或是所有的學習歷程，都不應該只有成果「好」、「不好」的兩極評價，也不需要跟別人拚個輸贏，當孩子產生興趣之後，再一步步精進都不遲，可別在第一時間就打壞了他們的學習胃口。

引導、協助他完成，不是幫他作好

每到節慶即將到來，我們也不免俗要設計相關課程，讓小朋友認識節日的由來，並透過手作成品為家庭增添歡樂的氣氛，同時展示成品也有助於強化孩子對家的向心力。

在農曆新年前夕的課堂上，老師拿出了一個事先做好的春節吊飾供大家參考，說明後便立刻收起來，讓大家自由發揮，希望小朋友們不是照著做，能夠多多加入自己的創意。

才剛進行沒多久，就聽到 Cindy 媽咪說：「欸！不是啦！要先做這個。」然後開始一步步指導女兒接下來的每個步驟。

「等等，你這怎麼貼歪了？要這樣一個個整理一點嘛！」才四歲的 Cindy，顯然對於媽媽所說的整齊感到困難，小手還沒把圖案黏上，媽咪直接半空攔截，拉著她的手直接按壓在吊飾上。之後的其他圖案，也就不再經過 Cindy 的手了，最終完成的作品，跟老師的示範根本一模一樣。

　　「引導、帶著孩子一起做」跟「幫小孩做」是兩件完全不同的事。幼兒期正是孩子創造力大爆發的階段，我們一開始在課堂上展示的手作成品，其實只是為了方便說明，也會再三強調小朋友可以用自己的想法完成。但總是發現，只要當孩子以他自己的邏輯創造出一個作品，形體卻是跟大人所認知的有差異時，很多爸媽就會用自己已經慣用了三、四十年的思維，決定成品應該有的樣子。

　　例如天空就得是藍色，而太陽必定是橘紅色的，然後再灌輸在這些小小孩身上。如此不但大大限制了幼兒的想像力，往後他也就沿襲父母的習慣和認知，因為這個年紀的小孩，模仿的對象多半是爸爸、媽媽。

　　比方說，當今天講一個跟製作餅乾有關的故事後，接著讓小孩選擇烘焙工具親手操作時，我們已預料到很多家長基於考量「因為拿刀有受傷的可能」、「攪拌器會通電、有危險」，所以會習慣直接幫小孩決定。

　　在幼兒進行挑選之前，老師的作法是會詳細為他們講述所有器材可能的發展性，像是：「A 選項是刀子，可以將食物切出形狀並且變小，但是如果使用不正確的話，有可能也會切到手喔！所以操作上要更小心，而且必須要有媽媽在旁邊幫忙你進行。」或是「B 選項是攪拌器，它不能像刀子一樣切東西，但是可以讓蛋白變得膨膨的，不過因為它很重，需要大人一起出力拿喔！」

　　對於年紀還小、認知力還不夠充足的孩子，在協助做決定時較正確的引導方法，是要把具體的資訊、可能導致的後果都讓他們清楚，再讓他選擇，而不是把選項 A、B、C、D 全部攤出來後說：「讓你自由選擇、決定喔！」

　　這樣一來，會有兩種情形：第一種是孩子隨隨便便拿了一種，但卻不知該如何運用；第二種是有些孩子因此愣住，遲遲無法動作。而這兩種都容易讓家長耐不住性子，首當其衝跳出來幫小孩決定或完成。

　　這邊再舉兩個教學實例，佐證大人只要用對做法，既能顧及孩子的安全性與創造力，又能不動聲色讓他們「以為」自己是獨力完成的（畢竟幼兒期孩子也開始發展出自主性了）。

　　譬如我們曾有一個兩歲半的小小孩參與烹飪課，很多家長課前都覺得這怎麼可能，但我們設計的第一堂烹飪課，便是讓孩子製作南瓜濃湯，老師事先將南瓜剖半蒸好，課堂上再由小朋友自己挖出搗碎完成料理，過程中沒有危險性器具，也沒有過分超出他們能力的動作，自然就能達成烹飪課的任務。看到孩子們成就滿足的笑容，這就是學習的目的！

　　另外，在製作串珠手環的課程裡，由於小朋友年紀都很小，要能讓他們全程自己手作又能順利穿洞，材料上就得幫他們選擇孔洞較大的珠珠，加上授課老師在課程開始前便不斷和家長溝通，孩子一定可以自己順利完成，千萬不可以代為完成。最後證明，每個小朋友確實都能自己做到，只是速度稍微慢一些些而已。

　　但如果大人因為看到他做得太慢或做得不好（所謂好不好，其實也是成人自己的標準和價值觀），就搶著幫孩子做，那就是剝奪了他實踐的空間。殊不知，越不受到父母限制、干涉的孩子，絕大多數都能展現很棒的創造力與實作力呢！

第 12 堂課

豐富的互動情境，為實作帶來更多創意

這一期的課程在畫畫課後告一段落了，小朋友帶著作品開心的跟同學老師告別，準備迎接下一個階段的開始。彤彤媽咪特別留下，表示有話要跟我說：「老師，這期結束後我們不會再參與課程，所以彤彤所有作品，我想全部帶回家。」

孩子適應的狀況一向很好，所以我接著問：「我可以了解是什麼原因嗎？有任何建議請提出沒關係唷！」

她答道：「噢！千萬別誤會！老師人都很好，我也很認同你們的用心。主要因為我原本只是想讓她來學學舞蹈蹦蹦跳跳、消耗體力就好，但課程裡又包含了靜態的畫畫跟手作。不瞞妳說，其實她自己在家就會畫了，我們也買了最好、最貴的繪畫工具及材料，她爸爸想說好像不用特地再來外面玩這些。」

「媽咪，對於家長的選擇我百分之百尊重，可是關於教室的上課理念和核心，我有責任要向您清楚說明，讓您回家後也能跟爸爸分享……」

　　形形的爸爸看起來是有所誤會了！雖然我們推廣幼兒最好能透過遊戲的方式學習，可是不代表課堂上只有「玩樂」呀！重點還是讓孩子「**學習**」、「**探索**」、「**同儕相處**」，當然了，並不是說一定要到外面的才藝班上課才能得到啟發，如果父母在家願意花上一點時間，使用正確的方式帶領孩子學習，那也很理想。

　　但無論是在我生活的周遭或是教學現場裡所接觸的狀況，往往看到很多家長找不到或是用錯方法，甚至連跟孩子互動、真正靜下來花點時間陪伴都有困難。

　　另外，小孩對父母都會有一股莫名的依賴性，以為只要供應充足的「學習」教材給小孩，就能達到學習的功能。就像我曾經碰到家長詢問，是否有教材包可購買，只想買材料包，讓小孩自己在家打發時間就好。

　　不管是什麼樣的教材、工具，包括各式各樣的益智玩具、學習機等等，都是輔助教學和學習的媒介，就算可以選擇互動

模式，終究是沒有生命的。但是，當孩子有了對工具的充足認識，能發揮創造力和想像力搭配實際操作後，其實不需要用到太多或很昂貴的器具，也能有好的作品呈現。

許多家長認為可以買許多教材讓小朋友在家自學，但對於幼小的學童來說，引導是非常重要的，自學不是放任孩子，而是運用對的方式、適合的教學模式給小朋友，如果家長可以做到這點，尊重每個個體與身俱來的差異性，其實不需要很浮誇、很昂貴的教材，在家都可以引導小朋友創作，也可以增加親子互動，我覺得是一件很棒的事喔！

當然，對於本身已經具有基礎能力的人，如果有更多元的工具輔助，的確如虎添翼般有加分的效果，可是，當對象是很年幼的孩子時，真的不用強調工具要有多棒多炫。

並且，多元才藝啟發課程設計，一開始是透過講述繪本故事給予孩子認知，同時激發他們創作時能夠產生一些想法。當真正進到創作的過程，小孩將有很多機會能說明為什麼他會選

擇某種顏料，而這樣組合的原因又是為何。

　　有位小朋友開心的拿著自己天馬行空的創作要與家長分享，結果小孩的家長，因為看到繪畫成果沒有具體的形象，只是一團混亂的顏色，就直接要求小孩把作品丟進垃圾桶，不准帶回家。看見小孩落寞的神情，我上前與家長溝通，孩子的家長認為，孩子自己在家也都是這樣把畫弄得亂七八糟，所以好像在教室也沒有比較進步。

　　但他卻忽略了教學過程裡更深層、內在性的表現，亦即藉由前面一連串的引導，在大人看來雖是毫無秩序的堆疊，其用色及作畫順序，其實都隱含了幼兒的感受、觀察和邏輯。加上年齡有大有小的同儕彼此互動，孩子也可以學到不一樣的做法，無論是創意或是生活上的。

　　曾經有小朋友第一次來上課，與其他小朋友互動生疏，但在課程作品呈現時，卻不像是初次上課的程度。詢問家長才得知，因為擔心小朋友上團體課容易傳染疾病，所以一直請很棒

的老師到家裡為孩子上課。但卻漸漸發現，小朋友時常安靜的躲在角落做自己的事，不太喜歡與人說話，擔心孩子沒有辦法像其他小朋友一樣融入群體生活，才帶他來這裡上課。

有位家長跟我分享，某天家裡舉辦了慶生會，友人準備了一大袋糖果並問：「有沒有人想要？」結果許多小朋友一擁而上，但他兩歲半的孩子卻默默站在所有小孩的後面，安安靜靜一副要排隊的模樣，引發所有在場家長的稱讚。

家長說：「我其實最主要是讓他來學才藝，順便消耗他的體力，在家自己一個人像個小霸王似的，沒想到她還學到了規矩。」因為來到教室，接觸到家庭以外的群體生活，知道要怎麼跟其他人相處，這樣的教學情境，對於各方面學習都能發揮正向影響力，而不僅僅侷限在技能是否精熟而已。

在家自學，跟著品客老師這樣做！

[STUDY 10] **Colorful Pizza**

🩷 材料

珍珠板、不織布（棕色、土黃色）
毛球、毛根（各種顏色）、保麗龍
膠、剪刀、磁鐵

💭 做法

步驟 1

把珍珠板剪成三角形 pizza 的形狀，
一頭為圓弧狀另一頭為尖角。

步驟 2

用保麗龍膠將土黃色不織布把珍珠
板包起來（pizza 麵包部分），棕色
不織布黏在尾端圓弧地方（pizza 皮
部分）。

步驟 3

把毛球、毛根黏在 pizza 麵包部分
（將毛根剪短，扭轉製作成 pizza 上
的配料）。

步驟 4

轉到背面塗上保麗龍膠，黏上磁鐵
即完成。

[STUDY 11] 一起麻吉

材料 & 器具

熱白飯（約 250 克）、熱水（2 大匙）、食用油（2 小匙）、糖粉（1 大匙）、黃豆粉（2 大匙）、芝麻粉（2 大匙）、量匙、碗、磅秤、鋼盆、攪拌棒或果汁機、耐熱袋、剪刀

🍎 做法

步驟 1

白飯加熱後倒入鋼盆內，加入兩大
匙熱水將飯先拌開。

步驟 2

加入兩小匙的油，用攪拌棒或果汁機均勻攪拌，直到看不見顆粒為止。
器具使用後，可以先拿去泡水，方便後清洗。

步驟 3

耐熱袋中滴入些許的油，搓揉後讓
袋子內部沾滿油，將米飯麻吉倒入
耐熱袋中，搓揉一下，分別加入芝
麻粉及黃豆粉，和糖粉均勻攪拌融
合在一起。

步驟 4

在袋角地方剪一個洞，從洞的地方
擠出一顆一顆麻糬，沾粉即完成。

[STUDY 12] 冰棒筆筒

💙 材料

冰棒棍、不織布、毛球、顏料、畫筆、洗筆桶、顏料盤、保麗龍膠、剪刀、厚紙卡、畫衣

做法

步驟 1

準備一包冰棒棍（大概 30-35 支，需做五個面），外圍將其中一頭圓剪掉（18 支），兩邊頭都剪掉 5 公分（5 支），內部兩邊頭都剪掉（8 支，長度為外圍拼接起來的長度）。

貼心提醒：因冰棒棍較硬，剪斷時需拿好另外一頭避免飛出。

步驟 2

將剪完後的冰棒棍全部上色，在顏料盤擠顏料（紅、橙、黃、綠、藍，可自行調色），每畫完一個顏色，需在洗筆桶將筆清洗乾淨，再畫下一個顏色，作品表面才不會看起來髒髒的。

步驟 3

把上色後的冰棒棍用保麗龍膠黏貼
在一起，依序為：
外圍：長 5 支、寬 4 支
底部：4 支
內部：長、寬各 2 支（一上一下）
五個面拼湊完整後組合起來，組合
前先剪兩小張長方形厚紙卡（長為
5 支冰棒棍長度、寬 3 公分），對
折打開形成一個 90 度直角（厚紙
卡主要是要固定長寬面與底部，
黏貼時會比較牢固）。

步驟 4

黏貼完成後，裝飾筆筒外圍，用不織布剪一個蝴蝶翅膀與觸角，黏貼在
筆筒外圍，2 顆小毛球黏在蝴蝶翅膀各一邊，其他毛球可黏在筆筒外圍
裝飾即完成。

第四章　激發 KIDS 創造力

——孩子都很有創造力，但創造力需要透過學習、耐心慢慢累積，本章
　將告訴父母們，如何激發寶貝們的創造力：一輩子帶著走的能力！

 在家自學，跟著品客老師這樣做

第 13 堂課

每一次體驗，都是汲取能量的寶貴時刻

剛滿兩歲的琳琳，個性乖巧安靜，只能說些爸爸、媽媽、花花等的詞彙，因為她是班上年紀最小的學員，頭幾次上課時難免有些害羞。漸漸的，在老師的引導下，也都能和老師或其他孩子產生互動。

某天，我和幾位媽媽們在教室外看著孩子上課時，琳琳媽咪的電話響了⋯⋯

「媽，我帶琳琳在公園玩，待會兒就回去了。」

掛上電話，琳琳媽咪歎了好大一口氣。看到我投以關切的眼神，她主動說明：「我婆婆對我帶琳琳來上課很不認同，說一個奶娃兒連話都說不好，哪有需要上什麼課，還說這些都是浪費錢，以後小孩長大就忘光了，所以我只能偷偷帶她出來上課，還因此跟公婆吵了一架。老實說，我心裡也有些動搖了，如果沒有看到成效，回去一定被罵死⋯⋯」

　　沒錯！孩子的教養問題及教育方式，很容易變成兩代間的隔閡。琳琳的媽咪只是一個個案，無論是在教學現場或其他場合，談到幼兒三歲前的教育時，我確實會碰到很多家長或長輩們都有同樣的情形。

　　曾經有位小朋友是由爺爺、奶奶帶來上課，初次見面時，爺爺面有難色，嘴裡用流利的臺語抱怨，媳婦為何讓這麼小的孫子上課，口中喃喃自語，在孩子面前一直抱怨孩子的母親。

　　有些年紀很小的孩子，看似沒有什麼行為或表達能力，但國內外有許多研究指出，〇到三歲是嬰幼兒發展的黃金期，是奠定各種能力、特別是創造力的關鍵階段，家長不容忽視。

　　打個比方來說，小孩就像一個隨身碟，不斷將他所看到、聽到的事物和訊息，一一接收並儲存起來，當他某天達到一個成長階段或發生狀況要應對時，就會把資料提取出來運用。但是當孩子過往 input（刺激）不夠充足的時候，有一天需要 output（反應）時，就會產生障礙了。

　　而每一種有正面意義、好的體驗，都能充實孩子的資料庫，提供未來解決問題的辦法，尤其是對於正處在被塑形的幼兒階段時，他所接觸的事物便更顯得重要。

　　在課堂的實務經驗上，有部分孩子因為年紀真的很小，應對及反應並不像其他年齡較長的孩子來得靈敏迅速，甚至發生過有孩子整堂課完全沒有互動、只能看著其他小孩的情況，陪同來上課的家長也發出哀嘆：「這堂課真是浪費了！」

　　但其實我都會請家長試著這樣思考：初來乍到一個陌生環境時，任何人都會自然的發揮他觀察本能，以往孩子都在家裡被好好的保護著，缺乏與團體共處上課的經驗，怎麼能期待他一到新環境裡就能很快融入呢？就連大人自己嘗試新鮮事物時都需要花費一段時間了，更何況是小孩？

　　我認為所有家長都應該給孩子跟自己多一點機會，特別是要讓小孩有適應的時間，因為孩子對事物的理解，本來便不如成人豐富，千萬不可用大人本位的眼光，認為幾堂課就能決定

孩子不適合什麼領域，或這個階段的他根本不適合學習。通常我都會建議這些很期待看到孩子進步的爸爸、媽媽們，不妨在下一次回到課堂上時觀察，小孩與上次相比有哪些轉變。

　　舉例來說，有些孩子第一次來上課時，是被媽媽牽著手帶進來的，但等到第二次上課，卻換成小孩牽著媽媽走進教室裡，或是知道進入教室前要先消毒，一到教室門口就自動把手伸出來，或是在上畫畫課前知道要穿上畫衣……，這些都是一個進步。當孩子知道這裡是他可以安心學習、放心表現的環境時，自然就能吸收得更好，也能和老師、同學有更棒的互動，而創造力就是在這樣良性的團體互動裡被激盪出來的！

　　對於部分家長們想要快速看到孩子學習成果的心理，我都很能理解。如果爸爸、媽媽們願意在回家之後，把孩子在探索課堂上接觸到的內容，每天花同樣的時間與寶貝們交流，將會發現他們拋回來的反應，從星期一到星期五絕對都是不一樣的，這就是收穫。

第 14 堂課

別急著為孩子找定位

三歲多的小安活潑好動，第一次來到教室時，不但不怕生，還跟老師玩得很開心。至於媽媽，原本很擔心兒子靜不下來，無法好好上課，甚至會干擾到別人。

經過老師的引導，這些情況都被順利化解了，每當課程需要活動或展現肢體時，小安總是樂得滿場飛，下課後兩頰紅通通的，可愛極了！

有一天，小安的媽媽表示想要跟我討論新一期的上課事宜。

「老師，是這樣啦！上了一期課程之後，我發現他特別喜歡音樂律動課，這跟他的個性也比較符合，想說以後就朝這方面發展好了。其他像是烹飪手作的課，應該比較適合小女生，接下來偏靜態的課，我們是不是可以不要上呢？」

　　以我們設計的課程來說，前面一年以「幼兒多元探索」的重點為主軸，包含肢體遊戲、藝術創作、繪本欣賞、烹飪烘焙、音樂律動、親子互動等各種類型。近來也加入外語學習，這就像是全科教育或大學裡的通識課程，兼具學科跟術科的發展，希望是透過多元式的學習，讓孩子嘗試每一種不同的領域，接著再慢慢聚焦到其他單項的才藝課。

　　然而，類似小安媽媽想法的家長其實不在少數，比方說有的家長看到手作活動，會跟老師說：「這孩子沒辦法坐那麼久，大概三分鐘孩子就會跑去玩了！」或是說小孩沒辦法安靜坐著，所以想來教室讓他學跳舞；也有一部分媽媽堅持孩子就是斯斯文文的，可以直接跳過音樂或舞蹈課嗎？還有的家長會挑課程，遇到靜態的課便請假不上⋯⋯

　　通常這時我會不厭其煩的跟家長解釋：「JK 多元才藝啟發」是一套系統化的課程，強調綜合才藝的探索，同時每一堂課都是根據主題展開、有連貫性的，因此各大領域都要參與，

就算某堂課請假，也務必要來補課，而補課一定是同一個領域的課程，這才是均衡的教育。

事實上，我們確實經常碰到小孩一開始沒辦法靜下來的狀況，在不為難孩子的情況下，透過老師逐步帶領，最後都有很理想的上課品質跟成效。

「他就是沒辦法乖乖安靜」、「我家女兒只能做些靜態的活動」、「學芭蕾只適合小女生啦，男孩子要 MAN」等等說法，在我教學的過程中發現，這些都只是家長片面的認知，當你把孩子放到不一樣的環境，適當給予不同的刺激，他就能展現意想不到的潛力，而這樣的案例實在不勝枚舉！

另外，有些家長則是在參加僅僅兩個月的探索課程後便提出：「我的孩子都已經參與過不同領域的課，我現在知道他喜歡什麼，這樣就可以啦！」

以我自己為例，我從三歲開始跳舞直到現在，也在大學裡教授相關課程，至今還是不斷的進修，跟上這世界變化的速

度，足見學習是永無止境的。不過短短的幾個月，又怎能探知幼兒的真正性向呢？

我們訴求的並非「栽培每個孩子都成為藝術家」，而是期待透過多方面的藝術開發，讓他們能夠在生活裡體現美感和創造力，並且學習現在小孩很難擁有的堅持，這些都需要時間的累積。在教學的過程中，不難發現，現在許多小孩學習力不佳、三分鐘熱度，多半是後天養成的習慣，但很容易被直接曲解為「沒興趣」、「沒天分」。

有位小孩第一次上才藝課，媽媽問了三次：「你真的喜歡嗎？一旦報名了，不能中途放棄喔！」孩子興奮的點點頭，之後好幾次孩子鬧著脾氣不想繼續上課，媽媽把孩子帶到旁邊對孩子說：「是你自己決定要上課的，請你堅持到最後一堂！」

天啊！這位媽媽的教育態度太值得跟大家分享了。許多家長會認為才藝不學就算了，幹嘛逼小孩，其實**學習藝術的背後另一門很重要的學分，就是毅力與堅持。**

第 15 堂課

尊重個體的差異性，成就最棒的他

有些害羞的 Ruby，緊緊拽住前來諮詢課程的媽媽衣角，即便
老師親切引導她認識教室環境，卻一步也不願離開。媽媽無可
奈何搖搖頭，小聲的訴說：「老師，Ruby 從小個性就容易緊
張，加上先前她參加幼兒園裡的音樂系統教學課程時，有不太
好的經驗，所以……」

「可以讓我了解是什麼情形，讓她有這種感覺嗎？」看起來孩
子對於新環境很沒有安全感。

媽媽娓娓道來，當時因為音樂老師態度非常嚴謹，就算學生有
任何狀況，也絲毫沒有調整的空間，使得 Ruby 對上課有了負
面觀感，並讓她養成了摳指甲的壞習慣。

「所以我每到要上音樂課時就直接幫她請假，就這樣過了三
年。後來她只要上別的才藝課，前幾個月都要我陪同在旁，而
我也因為這樣乾脆辭掉工作，全心照顧她。聽說你們教室鼓勵
家長一起參與，這才提起勇氣過來……」

　　真是一個令人感到心疼的個案！回想我成立探索課程的初衷，無非就是希望幼兒們能「**從玩樂中學習藝術，讓學習藝術變成樂趣**」，當學習變成了一件令人有壓力、不開心，甚至產生懼怕進而得想辦法逃避的事情時，那還存在什麼意義呢？

　　至於 Ruby 的後續發展呢？初進到教室新環境後，的確有一陣子視線都牢牢黏著媽媽，深怕媽咪離開。但不到一個月的時間，即使媽媽暫時離開，留下 Ruby 獨立上課也完全沒有問題，自己還會跟父母爭取要到教室上課呢！

　　能夠有這樣的成效，家長與老師的配合非常重要，許多家長或許不會在意，認為那就不要學就好了，沒有去了解背後真正的原因。我也很替 Ruby 開心，她有一位觀念很正確的媽媽，這可會給 Ruby 帶來不一樣的人生發展喔！

　　在學習當中我們發現，每每到非常需要創造力或是手作課程時，這位小女孩總是會很仔細的完成，自然速度也就比較慢一些。而我們教室裡的老師會視情況調整教學步調，甚至常常

到了下課時間，依然等待她完成後才真正下課。

當時媽媽很不好意思的說：「她動作老是這樣慢吞吞，真的很傷腦筋！以前有些老師堅持課程要按照表定時間結束，常常讓她感到很挫折。」

每個孩子的發展速度、個性、天賦各不相同，像 Ruby 因為個性謹慎小心，導致速度往往比別人來得慢，但我們同時也觀察到，她在藝術創作上配色大膽，擁有十分天馬行空的想法，而這一點確實跟別人都很不一樣！

順帶一提，儘管孩子某些基本能力的發展有其參考的時程性，但就大部分的學習而言，並沒有一定的標準，特別是不需要跟隔壁的同學相互比較。

「怎麼那麼慢！別人都做好了！」、「人家塗色好整齊，你的為何髒兮兮！」然後時時懷抱著不安的心態，這些都是沒有必要的。

尊重每個孩子原本就存在的個體差異性，試著欣賞他們與

眾不同的特點，在安全的環境下給予他們愉快探索、盡情展現自我的機會，當那一抹主動學習的火花被點燃之後，這才是陪伴他們一生受用無窮的能力，誰也奪不走啊！

第 16 堂課

先試著讓他做做看，再談專注力的培養

班上這一天多了一位新生，未滿三歲的小男孩佑佑，媽媽上課前就很擔憂的跟老師說：「他的定性很差喔！別人是三分鐘熱度，他大概只有一分鐘熱度吧！這是第一次參加團體課，等一下說不定沒辦法好好上課。」

「媽咪請放心，我們會儘量想辦法協助。如果他真的坐不住的話，老師也不會勉強他，會視情形調整的。」

等到下課之後，只見媽媽從教室出來，生氣的對著佑佑說：「整堂課就看你摸東摸西停不下來，一點都不專心，這樣下次不帶你來了！」

接著，換成小男生氣噗噗的說：「我不管我還要來，哇……」

從當次授課老師的描述得知，佑佑因為剛到新環境，對一切感到很好奇，加上還不熟悉教室上課的流程，所以當其他小朋友乖乖坐著聽老師說故事時，他總會忍不住插上幾句話，或站起來繞著教室走。

經過老師的引導，佑佑多半能配合，只是媽媽很心急，常常老師還沒開口，陪伴上課的媽媽就先在一旁開罵。到了挑選繪畫材料時，佑佑心猿意馬，本來選了 A，用沒多久想換成B，後來看到別的小孩使用 C 又說想換，讓媽媽更加篤定，他就是個缺乏穩定度跟專注力的孩子。

首先，我想分享自己當初與團隊老師研發這套學齡前幼兒課程與教學的想法，因為本身有個四歲大的小孩，過去也經常帶著女兒去參加外面的課程，發現若過於傾向教學者的角色，堅持自己的原則，就容易忽略家長們的立場與幼兒的感受。

所以研發課程時，除了讓女兒也跟著加入我授課的課程外，我和女兒也會同時參與教室裡其他老師的課程，藉由身兼

教育工作者跟家長的雙重身分來檢視課程。

　　也因此，我可以觀察到許多家長和小朋友之間的互動。在未上課前，佑佑媽咪便感到擔心，同樣身為母親的我很能理解，但大多數時候當孩子進到團體、面對老師時，其實會有和在家中完全不一樣的表現，也難怪古人要說「易子而教」了。

　　就因為是幼兒，所以每當一到創作階段時，老師通常都會詳細為孩子說明各種工具或媒材的使用方法和特性，再讓他們自己選擇。但即使是這樣，還是會有孩子陷入不知該如何挑選，或是使用之後發現這不是他喜歡的工具，反而比較想要另外一種。曾有老師表示：「每個人應該要為自己做的決定負責，不能隨意更換，這項工具要讓他使用一整節課才行。」

　　但對我來說，今天面對的是幼兒，是才不過三歲的孩子，大人應當是給予啟發，只要孩子是真正嘗試、實際做過了，發現不適合或不喜歡，這樣我們的目的就達到了。但若換作是一個年紀比較大的孩子，例如國小中年級左右的兒童，在此之前

都已經對每一種工具明瞭清楚的狀態下，還要多次更換，我就會堅持他要使用一開始就選擇好的器具。

　　對於幼兒，「啟發、自主嘗試」比起培養所謂的耐性或恆心毅力更為重要。或者應該說先求啟發再慢慢從孩子喜歡的事物裡去培養專注力，要是不了解、不喜歡、沒興趣，如何談專注？

　　另外，當幼兒無法集中注意力或思前想後時，家長們先不要急著斥責或催促，若大人自己都缺乏耐心與穩定的情緒，小孩又怎麼能不受影響呢？

　　畢竟，創造力就是在一連串「**好奇想做做看**」的探索歷程，以及雙手實際操作之中被挖掘出來的呀！

第 17 堂課

藝術的世界裡，沒有對與錯！

這一堂課的創作表現，是讓小朋友運用顏料和黏土打造他們心目中的森林場景。我和女兒也參與其中，玩得不亦樂乎！

這時傳來一位媽咪不甚開心的聲音：「這怎麼會這樣弄呢？整張紙都被你搞得亂七八糟的！」

三歲半的 Kevin 當場愣住，正忙著捏黏土的雙手一時間不知所措。看到他手上攪和得看不出是什麼顏色的黏土後，媽媽分貝提得更高了：「天啊！黏土是給你這樣亂揉的嗎？真是浪費材料！老師，可以給我們乾淨的黏土嗎？」

下課後，老師將作品一一發還給小朋友，讓他們可以帶回家跟其他家人分享。沒想到 Kevin 媽媽儼然不欣賞孩子的創作，直截了當的說：「這個就不用了，老師你們看怎麼處理都行！」

　　無論是課堂上或生活中，我都觀察到凡是父母願意放手讓小孩自己去做的，小朋友的表現力都會比較好，因為他勇於嘗試。只要先踏出這一步，然後再透過適當的協助，就可以有令人驚豔的成果。反之，若是父母親態度嚴謹，甚至是帶點嚴厲或批判的，孩子在做任何動作前，通常會習慣先把視線轉到爸媽身上，看看反應或直接詢問，才敢進行下一步。這種還未做就先卻步的行為，對激發小孩的創造力來說實在不是件好事。

　　從我們創辦這個多元才藝課程開始，我一直不停跟老師團隊們強調，不管是年紀多小的寶貝，都有他們能力可以達成的事，所以必須讓孩子從最小的事情著手，並學習如何表達。特別是在創作上，小孩才是為作品發聲的人，大人無法用肉眼理解的形式或符號，或許都有其獨特意義。

　　譬如之前有個小小孩，畫出一顆藍色的太陽，我很好奇他的動機：「你的太陽是藍色的耶！」後來他主動說：「因為我覺得我的太陽是有點涼涼的，不是很熱。」我覺得這樣說很合

理呢！孩子知道藍色是冷色調，這不是超有概念的嗎？重要的是，這是經過他思考後的認知，所以做出這樣的表現。在藝術領域裡沒有什麼絕對的標準，誰說太陽一定是暖色系的橘或紅呢？同樣的，塗色時一定要均勻、整齊才對嗎？

　　在成人的世界裡，也許很多事務都需要按部就班、一板一眼才能做得好，但卻不適合套用在幼兒創作上。創意本非來自中規中矩的表現，比方我們過年前有一堂醒獅紙盤創作的課，有小朋友把五官都貼歪、貼倒了，但大家一致都覺得醜得很可愛、很有特色，是很獨一無二的呢！從這樣黏貼的過程裡，不需要大人說，孩子自己透過與同儕的比較就能察覺：「咦？好像有點怪怪的！」如此他才能有所獲得。

　　能夠按著形體做出唯妙唯肖成品的人，的確有很好的複製能力，但是否同樣具備了創造力？這就不見得囉！以現在來看，可以精確做出一個熊熊或兔子造型的孩子，似乎比起捏得歪七扭八、甚至無法判斷是什麼物體的，要來得好看，但我們

在課堂上並不鼓勵小朋友一定得照著某個造型去創作。

　　一般而言，幼兒的複製能力都已經很強了，來到這個藝術空間裡，不是要讓他們再針對這點做加強，而是期待他們會創造、會表達。大部分時候，小小孩這一個階段的創意展現，並不是大人能輕易理解的，但**無論是有秩序、規則的創作，或是看似毫無章法、奇形怪狀的畫面，當孩子能說出自己的發現與見解時，就值得被大大鼓勵！**

　　問題在於，大人是否給了他們自由表達的機會？

　　話說，當時聽到 Kevin 媽咪在課堂上對孩子的責問，我不禁回想起自己的成長過程。小時候因為父母的教養是偏嚴厲型的，加上媽媽以前是非常忙碌的職業婦女，所以她都會很迅速的將許多事情打理好，往往也會在很緊急的狀態下脫口而出：「你怎麼把這個弄成這樣？我沒有時間等你，你動作快……」

　　所以我從小到大直到現在，做任何決定時，還是習慣會先看媽媽說了什麼，或猜測她希望我怎麼做，這樣並非不好，時

常有家長問我小孩怎麼管教，怎麼教養最好？以我的教學經驗來說，「養小孩」沒有準則，**每個家長要為自己的小孩量身打造一套專屬於他的「教養方式」**，不要聽別人怎麼養小孩來養自己的小孩，別人也不需要指導你如何教育你的孩子。

下次當孩子拿出作品開心與你分享時，請先試著傾聽他的創作話語，對於他能有始有終完成一件事給予讚賞或鼓勵。

在家自學，跟著品客老師這樣做！

[STUDY 13] **侏羅紀世界**

本堂課是激發小朋友的創造力及想像力，藉由場景及故事引導，不僅可以刺激觸覺，還可以激發不同想像，完成不一樣的創作。請家長要引導小朋友表達自己的創作，並對天馬行空的創作給予鼓勵喔！

💗 材料

箱子、恐龍與動物玩具、不同大小的石子、不同顏色輕黏土

◯ 做法

準備一個淺的箱子，倒入沙子與石子。

步驟 2

運用故事引導與小朋友一同擺設，想像恐龍世界會有什麼東西呢？

步驟 3

運用關卡故事引導小朋友使用輕黏土捏景創作，使用咖啡色、土色、灰色、綠色黏土，製作石頭、火山、樹叢等，作品即完成。

[STUDY 14] Ice Cream

本堂課藉由手作課程訓練小朋友的獨立自主，還可以增進親子之間的互
動，提升孩子的成就感。

🟣 材料

鮮奶 200ml、煉乳 50ml、冰塊
600g、鹽巴 200g、夾鏈袋一大一小

做法

步驟 1

先將煉乳倒入牛奶當中攪拌均勻，
煉乳可依個人喜好斟酌。

步驟 2

將混合好的液體倒入小夾鏈袋中封
好，以免外袋的鹽巴滲入冰淇淋中。

步驟 3

將小密封袋放入大密封袋中封好，
要注意冰塊要分布均勻。

步驟 4

用毛巾包住夾鏈袋，以免手直接碰觸冰塊凍傷，接下來搖晃夾鏈袋約十分鐘。家長可與小朋友放首音樂，享受一下親子扭扭舞喔！

步驟 5

打開外袋取出裡面的冰淇淋時，先把內袋外面多餘的鹽巴與冰水擦拭乾淨，以免在取出冰淇淋時碰到鹽巴，吃起來會鹹鹹的喔！

步驟 6

用湯匙將冰淇淋挖出來擺盤，放入新鮮水果就完成囉！

貼心提醒：M 型坐姿不宜給
小朋友久坐喔！

[STUDY 15] **熱氣球盆栽**

本堂課為藝術創作，運用家裡隨手可得的材料創造出可愛的盆栽，從中可訓練小朋友的美感與獨特性。

❤️ 材料

紙碗、氣球、棉線、蠟筆或彩色筆、打洞器、亮亮膠帶、棍子、鮮花或乾燥花、插花海綿

做法

步驟 1

準備一個大約手掌大的紙碗，用蠟筆、彩色筆塗鴉，也可以黏貼喜歡的貼紙。

步驟 2

將紙碗上沿四角打洞（最少四個洞，也可以多於四個洞）。

步驟 3

在紙碗中間擠入保麗龍膠，放入插花海綿。

步驟 4

將氣球吹至比紙碗直徑大一些即可，固定氣球後，將氣球插入海綿中央，最後將線各自固定在打洞口。

步驟 5

插入喜愛的鮮花或乾燥花在氣球四周，即完成。

[STUDY 16] **Growing Up**

本堂課借由藝術創作刺激小朋友的創造力，了解大自然環境，還可以帶入環保觀念喔！

💙 **材料**

圖畫紙、牛皮紙（可以用報紙替代）、輕黏土、顏料（紅、黃、藍）、雙面膠、保麗龍膠、樹葉、毛根剪刀、畫衣

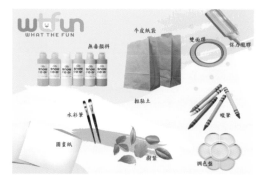

做法

步驟 1

將牛皮紙撕碎，大的紙當樹幹，小的紙當樹枝，把牛皮紙像擰毛巾一樣旋轉，捲到成皺摺狀，樹幹與樹枝步驟都一樣，旋轉後用雙面膠將樹幹黏在圖畫紙上，樹枝可依照自己的想像力來黏貼（有長有短）。

步驟 2

帶著小朋友到種植花草處摘葉子，摘 4、5 片不同形狀與大小的葉子。將葉子沾顏料（可自行混色）拓印在圖畫紙上自行創作。

步驟 3

蓋完後的葉子取 4 片（2 片小在上 2 片大在下），用保麗龍膠將葉子黏成蝴蝶的形狀，用顏料幫蝴蝶畫上觸角。

步驟 4

選擇自己喜歡顏色的輕黏土，分成五等份後搓圓，將搓圓的黏土黏在一起形成直線，毛毛蟲身體即完成。再搓兩個黑色小圓當眼睛，毛根剪 3 公分左右插在毛毛蟲頭上，將整隻毛毛蟲黏在圖畫紙上架完成畫作。

孩子就該從小玩才藝

品客老師以孩子為出發點，從玩樂中學習藝術，讓藝術變成樂趣，
培養生活力、啟迪學習力、引爆實作力、激發創造力

作　　　者／品客老師
出 版 經 紀／廖翊君
美 術 編 輯／孤獨船長工作室
責 任 編 輯／許典春
企畫選書人／賈俊國

總　編　輯／賈俊國
副 總 編 輯／蘇士尹
編　　　輯／高懿萩
行 銷 企 畫／張莉滎・廖可筠・蕭羽猜

發　行　人／何飛鵬
法 律 顧 問／元禾法律事務所王子文律師
出　　　版／布克文化出版事業部
　　　　　　臺北市中山區民生東路二段 141 號 8 樓
　　　　　　電話：(02)2500-7008 傳真：(02)2502-7676
　　　　　　Email：sbooker.service@cite.com.tw
發　　　行／英屬蓋曼群島商家庭傳媒股份有限公司城邦分公司
　　　　　　臺北市中山區民生東路二段 141 號 2 樓
　　　　　　書虫客服務專線：(02)2500-7718；2500-7719
　　　　　　24 小時傳真專線：(02)2500-1990；2500-1991
　　　　　　劃撥帳號：19863813；戶名：書虫股份有限公司
　　　　　　讀者服務信箱：service@readingclub.com.tw
香港發行所／城邦（香港）出版集團有限公司
　　　　　　香港灣仔駱克道 193 號東超商業中心 1 樓
　　　　　　電話：+852-2508-6231 傳真：+852-2578-9337
　　　　　　Email：hkcite@biznetvigator.com
馬新發行所／城邦（馬新）出版集團 Cit　　(M) Sdn. Bhd.
　　　　　　41, Jalan Radin Anum, Bandar Baru Sri Petaling,
　　　　　　57000 Kuala Lumpur, Malaysia
　　　　　　電話：+603-9057-8822 傳真：+603-9057-6622
　　　　　　Email：cite@cite.com.my
印　　　刷／韋懋實業有限公司
初　　　版／2020 年 5 月
售　　　價／380 元
I S B N／978-986-5405-69-4

城邦讀書花園　布克文化
www.cite.com.tw　WWW.SBOOKER.COM.TW